布谷童书◎编著

蒋大喵◎绘

中国寓言 里的

思辨阅读课

山东教育出版社

·济南·

图书在版编目（CIP）数据

中国寓言里的思辨阅读课 / 布谷童书编著 ；蒋大喵绘. -- 济南：山东教育出版社，2025. 5. -- ISBN 978-7-5701-3602-5

Ⅰ. G634.303

中国国家版本馆CIP数据核字第20252LL519号

ZHONGGUO YUYAN LI DE SIBIAN YUEDU KE

中国寓言里的思辨阅读课　　　　　　　　　布谷童书 / 编著　蒋大喵 / 绘

主管单位：山东出版传媒股份有限公司

出版发行：山东教育出版社

地址：济南市市中区二环南路 2066 号 4 区 1 号　　邮编：250003

电话：（0531）82092660　　网址：www.sjs.com.cn

印　　刷：山东华立印务有限公司

版　　次：2025 年 5 月第 1 版

印　　次：2025 年 5 月第 1 次印刷

开　　本：710 毫米 × 1000 毫米　1/16

印　　张：14

字　　数：190 千字

定　　价：58.00 元

（如印装质量有问题，请与印刷厂联系调换）印厂电话：0531-76216033

目录

 **《庄子》篇** 001

037 **《孟子》篇**

 **《列子》篇** 075

《韩非子》篇

《战国策》篇

《吕氏春秋》篇

《庄子》篇

井底之蛙

释义 指井底的青蛙认为天只有井口那么大，比喻那些见识短浅的人。

出　处 《庄子·秋水》

近义词 坐井观天·目光短浅

反义词 见多识广·智周万物

很久很久以前，有一口废井，里面住着一只青蛙，它吃完了睡，睡完了吃。这只青蛙去过的最远距离，就是从井底到井口。

有一天，小青蛙正在井中开怀唱歌，路过的海龟听到了。海龟好奇这声音

是从哪里传来的，它找啊找，伸着脖子四处看。海龟把脖子伸到井里边的时候，看到了一只鼓着肚子唱歌的青蛙。

废井里面长满了翠绿的苔藓。海龟赶紧把头缩回来，但是又忍不住好奇，于是还是趴在井口跟小青蛙聊天。

"小青蛙，你待在井里做什么，外面的空气多新鲜。"

青蛙换个姿势躺在井中，跷着二郎腿，嘚瑟地说道："哼，我这井里面舒服极了！你看看这里面的小水洼，你瞅瞅这里面的小虫子。这口井太完美了，我一直就在这井里，没觉得有什么不好。"

海龟听了，忍不住对自己产生怀疑：难道是自己错了？这井里大有乾坤，废井比外面的树林、海洋还要舒服吗？

"是吗？可是你在井里面看不到外面的天地有多大，也没有其他的伙伴。"

青蛙对海龟的说法嗤（chī）之以鼻，傲慢地说道："海龟老兄，天地有多大，我怎么可能不知道呢？天地不过只有井口这么大，出去干什么呢？我在井里面抬头就是天，住的就是地。不知道天地多大的恐怕是你吧？"

大有乾坤

一个事物表面平凡，但可能隐藏很大的玄机。

海龟一听，摇摇头，说道："你一直待在井里，抬头也只能看到井口那么大的天。真是可惜，可惜呀。"

　　说完，海龟就一边摇头，一边慢悠悠地爬走了。

　　它懒得跟青蛙说，它生活的海洋要比这口废井大无数倍，一个海浪掀过来就能把这口井灌满。

　　这只不讨人喜欢的青蛙想叫住海龟，它跳到了井口的位置。

　　它看到了井口以外的世界，才知道海龟说的是真话！

　　天地不知道有多大，比那一口小小的井辽阔多了！

走出舒适圈

　　"井底之蛙"一词常用于讽刺见识短浅、眼界狭隘的人。你可以说："这个人什么都没有见识过，真是一只井底之蛙。"井底之蛙虽然令人发笑，没有见过井外的世界，自恋地认为自己所住的井是世界上最好的；但是站在井底之蛙的角度去思考，你就会理解它的想法——它在井底活得好好的，何必非要为了见识外面的世界而自讨苦吃呢？

　　有一个词叫作舒适圈，是指一个人所处的熟悉、安全、稳定的环

境或状态。在舒适圈里，人们感到轻松自在，因为一切都在掌控之中。而井底正是这只青蛙的舒适圈。想要待在舒适圈并没有错，但如果长期处于舒适圈，就会因为缺乏挑战而导致个人能力退化，从而限制个人的成长和发展。假设某天发生了干旱，原本有水有草的井底枯竭了，青蛙连最基本的生存都成了问题，这个时候它该怎么办呢？它甚至连井底都没办法出去，最终只能等待死亡来临。

走出舒适圈是痛苦的，因为我们要去面对不熟悉的事物，会本能地感到害怕，同时我们还要去学习全新的知识，可能还会面临失败。因此在危险来临之前，我们很难主动走出舒适圈。可是如果青蛙平时没那么自大和懒惰，平时就喜欢探索，爱往井外走走看看，那么就算遇到井水枯竭，它也能找到别的生存办法，而不是默默等死。所以我们要时刻保持进取心，勇于探索未知的世界，在困难来临时有更多的机会去选择。

想一想

看完本故事，你打算如何走出自己的舒适圈？列一个计划吧。

鹏程万里

北冥有一条叫作"鲲"（kūn）的鱼，它每天最喜欢做的事情就是和小伙伴在海洋里自由自在地玩耍。

随着时间渐渐流逝，鲲越长越大。慢慢地，当鲲停留在水中不游动时，许多动物甚至以为它是一座岛。

鲲长得实在是太大了！

"你太奇怪了，有几千里那么大，我们不适合做朋友。"

鲲小时候的伙伴都离开了它，不愿意再和它一起玩耍了。孤独的鲲变得沉默起来，它每天望着太阳的光辉洒满大海，海面上微波粼粼的样子，自言自语道："为什么鱼只能在水里游，不能像鸟一样在空中飞翔呢？"

鲲的话被其他小鱼听见了，随后传遍了整个海洋。鱼儿们觉得鲲简直是异想天开。

"鱼就是鱼，鸟就是鸟，鱼天生就是在水里的，怎么能在天上飞呢？"

鲲觉得很难过，大家不支持它就算了，为什么还要打击它的自信心呢！

有一天，鲲越想越难过，它用力一跳，跳出了水面。

没想到，刚离开水面的鲲立马长出了一对像鸟儿一样的翅膀。它越飞越高，无边无际的海洋也被它远远甩在身后了。

"我不再是一条鱼，而是一只鸟，那就换个名字，叫'鹏'吧！"

鹏展开它那巨大的翅膀，像一片云似的在空中翱（áo）翔起来。

"从小我就生活在北冥，既然上天给了我一双翅膀，这回，我要到天地的最南边——南冥去看看。"

它扇了扇翅膀，水面被激起了三千里的波涛，海面上急骤的狂风盘旋而上，直冲九万米高空。

就这样，它一口气飞了六个月，才停下来休息一会儿。

看到鹏日夜不停地飞行，蝉和学鸠（jiū）同情地说："我睡起来就飞，碰到树木就停下，有时候飞不到，落在地上就是了。为什么大鹏要飞上九万里的高空，再向南飞那样远呢？"

不过，世界上不被理解的事情还多着呢！

学鸠

一种鸟类，又叫斑（bān）鸠。

它真辛苦啊！

坚定自己的信念

鲲一生都不被其他动物理解：它很大，别人不理解；它想飞，别人不理解；它向南飞，别人不理解。不仅如此，它还被蝉同情，觉得它生活得很辛苦。我相信每个人都曾遇到过鲲的情况。比如你想考某个学校，有人会说，那个学校分数线那么高，你真是异想天开，凭你的成绩根本考不上。

我们的生活总是被别人评判该不该、对不对、能不能，可是仔细想想，这是我们自己的人生，所做的一切选择的后果都是我们承担，那些随意评判的人是不为我们负责的。所以在听别人的意见时，我们应该更加慎重。

首先，我们要确认对方言论的出发点是善意还是恶意。比如别人抨击你长得很丑，这种本来就带有恶意色彩的言论在一开始就可以被忽略；其次，我们要辩证地看待这个言论是否正确，比如有人说"所有游戏都不好"，我们应辩证看待——有些游戏能益智，有些却容易让人沉迷，不能一概而论；最后，如果言论属实，我们可以适当地根据情况去做调整。比如某个人说你的成绩考不上某个学校，那么你可以根据情况来制订学习计划，将成绩逐步提高，或者你认真思考后认为考上确实较难，那么适当换成某个要求稍低的学校。

我们不应该在他人评判后就选择放弃或者更改目标，应当学习鲲的精神，永远坚持自己的信念，做好自己。

想一想

你曾因为某个言论而改变过自己的目标吗？你觉得应该改变吗？

鲁侯养鸟

很久很久以前，有一只海鸟迁徙（xǐ），它又累又饿，于是停下来落在鲁国都城附近休息。

鲁国人从来没有见过这么大的鸟，他们都围在这只鸟周围看热闹。

这只鸟有一个成年男子那么高，浑身长着漂亮的羽毛，和传说中的凤凰长得很像。

"这是什么鸟？长得还挺大的。"

"没见过，看起来像凤凰呢！"

"哟，还真是天降神鸟呀！它为什么停在我们国家呢？"

百姓们议论纷纷，无论是大人还是小孩，见面了都会问一句"你看到神鸟了吗"。

才过了一天，神鸟的消息就传到了鲁国国君的耳朵里。这让他又惊喜又害怕。

"神鸟来到我管理的国家，看来这是一个非常好的兆头呀！"不过他转念一想，"但是我该怎么接待神鸟呢？要是把它惹生气了，福报变成灾难就完了！"

为了解决这个难题，鲁国国君召集了文武大臣商量对策。

经过商议，大臣们对国君说："神鸟也是鸟，不如找一个了解鸟的人，专门负责接待神鸟吧。"

鲁国国君对这个办法不太满意："这可是神鸟，怎么能随随便便交给一个养鸟的小百姓呢！"

他思考了好一会儿，终于下了命令：“既然是神鸟，当然要像对待神一样来接待它。”

他让人把海鸟迎接到宗庙里，还摆了酒宴来欢迎海鸟的到来。与此同时，宫廷乐师也被命令演奏《九韶》给海鸟听——这是在最隆重的场合才演奏的乐曲。

鲁国国君觉得还不够，他又派人给海鸟摆上烤熟的全牛、全羊和全猪，亲自陪着海鸟一起用餐。

九韶

是古代音乐名，相传是周朝雅乐之一，简称《韶》，为舜时的作品；另一说为喾（kù）时所作。

看着这莫名其妙的场面，海鸟被吓呆了。离开辽阔的大海这么久，现在又被关在这奇怪的地方，它实在太累了。

海鸟一块肉也不敢吃，一杯酒也不敢喝。鲁国国君以为海鸟不满意，战战兢兢地一直陪在海鸟身边。

就这样，可怜的海鸟哪儿也去不了，三天之后，它在极度惊吓中死去了。

"我是为你好" 对吗?

鲁国国君为了招待好远道而来的海鸟,又是给它奏乐表演,又是给它美酒美食。对于鲁国人来说,这已然是最高规格的待遇了。可是对于海鸟来说,它喝海水、吃海鱼,也听不懂人类的音乐,人类的一切都是它无法理解的,那么再好又有什么用呢? 这个道理人人都懂,可是一旦放到人们自己身上就很难懂了。

自以为是地对某个人好,是我们常犯的错误。比如妈妈希望你长大能成为钢琴家,因此给你报了昂贵的钢琴班。但你并不喜欢,觉得弹钢琴十分枯燥。又比如送礼物,我们常常在选礼物时选择自己喜欢的,而不考虑收礼物的人的喜好,导致最后钱也花了,又没有讨得对

方的欢心，只好安慰自己是对方不懂得感恩。可是自以为是地对别人好，就是对的吗？你所付出的好并不是当事人所需要的，这种强行给予的"好"，本质是一种满足自恋的行为。

鲁国国君的初心是好的，可是他错误的行为导致好心办坏事。因此我们要警惕出现类似鲁国国君的行为。如果我们想要对一个人好，首先要考虑对方是否需要，对方喜欢吗。避免站在自己的角度擅自揣测。这样，我们的好心才会得到最大的发挥，也会得到相应的感谢和回报。

想一想

你曾犯下过"鲁侯养鸟"的错误吗？把它写进你的反思日记里吧。

佝偻承蜩

盛夏时节，太阳火辣辣地照射着大地。

这一天，孔子带着他的学生们来楚国游学，他们远远看到前方有一片树林。

"天气实在是太热了，我们在树林里休息一会儿，再继续赶路吧！"一个学生建议道。

这个提议说出了大家的心里话，他们加快了脚步，走进了树林。

"吱……吱……吱……"寂静的林间，一阵阵响亮的蝉叫声吸引了他们的注意。没多久，他们发现蝉叫声好像变小了。

向树林深处走去，他们发现一位驼背的老人站在树下，手里撑着一根竹竿，一动不动，站得像是一棵树。

不一会儿，老人竹竿一收，从上面取下一只蝉来。

原来，这是一位以粘蝉为生的老人。他在竹竿的顶端涂了树胶，只见他一粘就是一只，粘蝉就像捡石头一样轻松容易。

大家都被这娴熟的手法吸引，看得入了神。

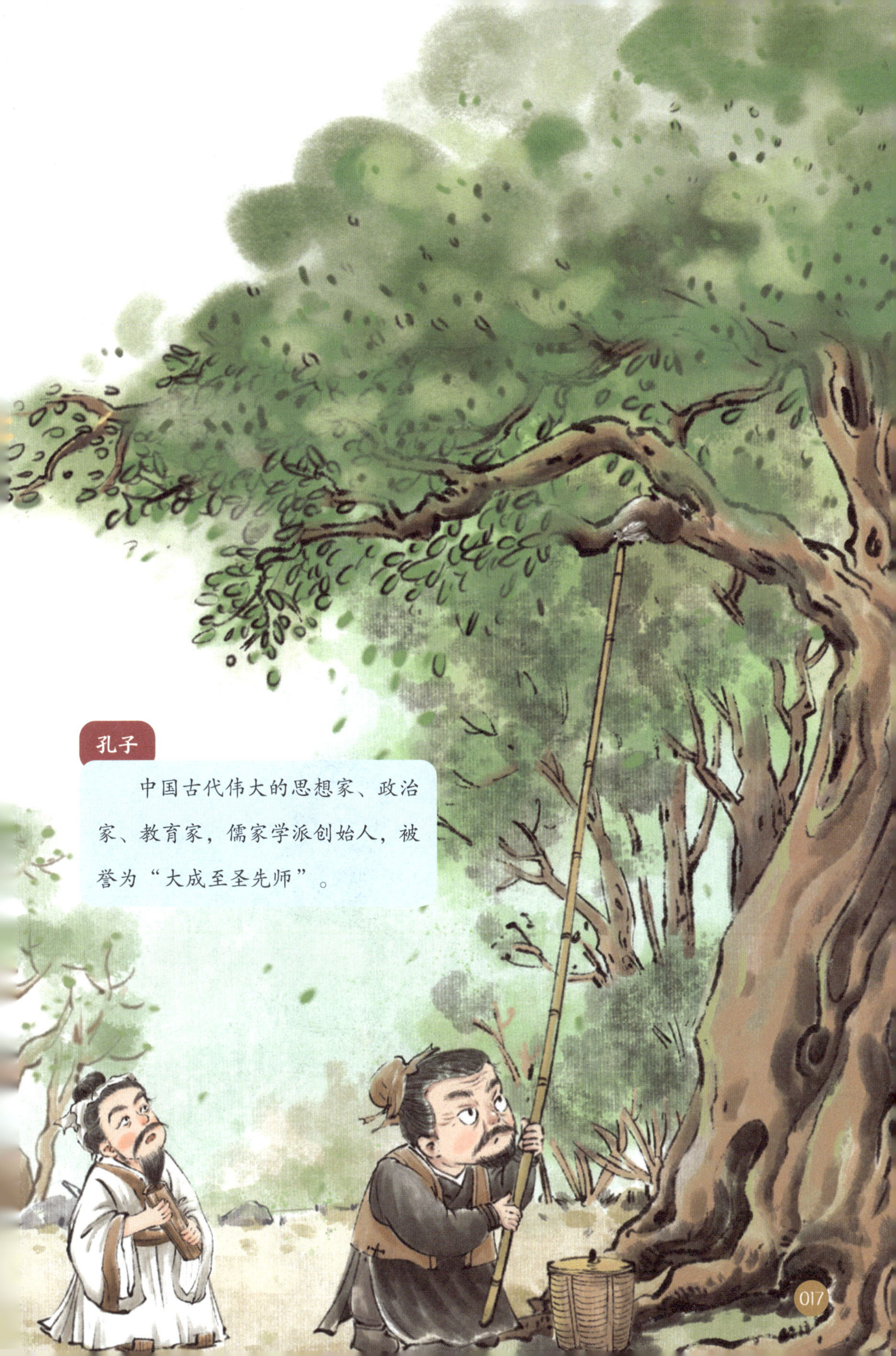

孔子

中国古代伟大的思想家、政治家、教育家，儒家学派创始人，被誉为“大成至圣先师”。

见状，孔子请教道："老人家，您捉蝉的手法这么娴熟，有什么技巧吗？"

老汉摸了摸胡须说："当然有！要知道，蝉是多么精明的小虫，一有风吹草动，它就逃了。"

"首先要练得手拿竹竿不晃动，放两颗弹丸在竹竿顶端不会掉的时候，捉蝉就有了一定把握。"老汉补充说，"到了放三颗弹丸不会掉时，捉十只蝉只会逃走一只；放五颗不会掉，捉蝉才能像随手捡石子一样容易。"

"这样就行了吗？"一人问道。

"这只是掌握了捉蝉的基本本领，还得善于隐蔽自己，"老汉继续说，"我像一棵树一样站着，只关注眼前的蝉，周围任何声响都不能分散我的注意力，这样还怕捉不到蝉吗？"

听了老汉的话，孔子恭敬地给他鞠了一躬。

告别粘蝉老汉后，孔子对学生说："刚才听到了吧！哪怕是粘蝉这样看起来很小的事，也需要锲而不舍，专心致志。我们做学问更是如此呀！"

学会脚踏实地

你听说过"一万小时定律"吗？这是由作家马尔科姆·格拉德威尔提出的。他认为人们眼中的天才之所以卓越非凡，并非天资超人一等，而是付出了持续不断的努力，一万小时的锤炼是任何人从平凡变成大师的必要条件。按照一万小时定律，如果一个人每天工作八个小时，一周工作五天，那么成为一个领域的专家至少需要五年的时间。

根据该理论，我们会发现，任何领域的顶尖人物，都在其专业领域深耕了多年。比如厉害的老师一般拥有多年的教学经验，厉害的体育运动员一般从小就练习体育。又比如故事中的老汉，他之所以可以娴熟地粘蝉，也是他脚踏实地、一遍遍练习技艺才有的成果。粘蝉是一件看起来如此不起眼的事情，要做到顶尖也要付出如此大的努力，就更别说做其他的事情了。

所以，如果我们想成为出类拔萃的人，先别抱怨自己怀才不遇，而是先问问自己有没有付出过一万个小时的努力。虽然在成功的道路上，脚踏实地不是成功的唯一条件，但却是成功的必要条件。成功的因素有很多，而脚踏实地是我们唯一能掌控且能做到的。因此我们要学习老汉的精神，摒除心浮气躁，静心钻研技艺，勤学苦练并持之以恒。总有一天，付出的努力会给予我们相应的回报。

想一想

　　我们在面对挑战时，应该如何坚持不懈，不轻易放弃呢？如果你有好的想法，可以写下来哦！

运斤成风

释义 原指木匠抡石斧砍掉郢（yǐng）人鼻尖上的白灰，而没有碰伤郢人的鼻子。后用以形容技艺精湛超群。

出 处 《庄子·徐无鬼》

近义词 庖（páo）丁解牛

反义词 才不胜任·一窍不通

楚国的郢城有一个以给别人刷墙为生的人，这一天，他提着木桶像往常一样给主人家的房子刷上白泥。

原本简陋的屋子经过白泥的装饰，顿时变得亮堂温馨起来。

他拍了拍身上的泥土，对自己的工作非常满意："虽然这房子不是我住，但却是我刷的。能刷出这样美丽的屋子，我简直太厉害了。"

没多久，他发现自己鼻子好像粘上了白泥。他对着铜镜看了又看，怎么也没办法把白泥擦干净。

"哎哟，这可恶的白泥薄得像苍蝇的翅膀一样，太难擦了！"他一边擦鼻子，一边抱怨。

这时候，他的好朋友石来叫他一起回家了。

"收工了，收工了，赶紧回家吃饭了！"石扛着斧头，眉开眼笑地说，"我今天多得了几个铜板的工钱，请你喝酒！"

"来了来了！"他麻利地收起工具，嘴里还不忘嘀咕着，"有酒有肉，如果忽略鼻子上的白泥，还真是美好的一天！"

工匠石瞧了瞧好朋友的白鼻子，大笑着说："不就是沾了点儿白泥嘛，多大点儿事儿！看我一斧头给你砍下来！"

周围人听到石这样说，都吓坏了。他们赶紧把石拉住，劝道："这怎么行？鼻子这么小，斧头这么大，可不像你砍树啊！"

人群中还有人大声询问："喂，刷墙的，你是不是和他结了什么仇呀，人家都想拿斧头砍你了！"

刷墙的匠人赶忙说道："不许你们这样说我的朋友。"

他转过头对石说："来吧，我相信你。也让大伙儿见识一下你的厉害！"

"得嘞！"石抡起斧头，眼睛眨也不眨地直接朝刷墙匠人的鼻子砍去，重重的斧头在空中扇起呼呼的风。

周围的人吓得连连后退，都赶紧捂上眼睛。不过，想象中血溅三尺的场景并没有出现。

当众人睁开眼时，白泥已经被石用斧头砍下来了，刷墙人的鼻子也完好无损。

"回家喝酒了！"他们两人高高兴兴地回家去了。

匠人石拿斧头把白泥从鼻子上削下来的故事越传越广，最后传到了宋元君耳朵里。他派人把石请进了王宫。

"听说你斧头用得很好，能把粘在鼻子上的白泥削下来，丝毫不会伤到鼻子，你再削一次给我看看吧！"宋元君命令道。

石跪在大殿下方，战战兢兢地说："我的确能做到。但是，那个敢让我削鼻子的人已经去世了。"

有一个好搭档有多重要

如果没有好朋友愿意相信匠人石的技艺，心甘情愿让匠人石削自己的鼻子，那么大家也就不会知道匠人石的技艺如此高超，匠人石也就不会声名远播。一个人的成功并不完全是他自己的功劳，正如匠人石的高超技艺是需要他的好朋友来体现的。

我们赞叹某人取得的成就时，时常忽略了这个人背后的支持力量。比如一个学习好的学生通常有一个教得好的老师，一匹千里马通常有一个慧眼识英才的伯乐。

拥有一个好搭档十分难得。每个人都有自己的长处和短处，好搭档能够弥补对方的短处，充分发挥各自的优势；好搭档能够一起分担责任，共同应对各种挑战；好搭档能够给予建设性的意见，帮对方认识和改进不足的部分；好搭档能互相激励前进，让彼此更加坚定地追求目标；好搭档可以共同学习成长，激发新的创意和想法；好搭档不只局限于同龄人，也可以是长辈、老师等；希望我们都能找到最适合自己的好搭档，成为更好的自己。

想一想

　　"搭子"是一种新型社交关系，指基于共同兴趣或需求而形成的临时性社交伙伴。你有好的学习搭子吗？如果还没有，试着为自己寻找一个吧！

吴王射狙

释义 通过叙述一只猴子在吴王面前卖弄灵巧而最终被射杀的故事，告诫人们为人处世要有自知之明和谦虚谨慎。

出 处 《庄子·徐无鬼》

近义词 骄傲自满·狂妄自大

反义词 不骄不躁·谦虚谨慎

吴国的国君吴王有一个很好的朋友叫颜不疑，他俩从小一起长大，一起学习。

颜不疑是一个很有学识和能力的人，吴王很期待自己的好朋友能帮助自己一起治理好国家。

不过，自从吴王当上国君后，他发现颜不疑总是在众位大臣面前指责他，这让他很没面子。

"哎，谁叫我们是好朋友呢！他要骂就骂吧，能有人大胆指出我的不对，这对国家来说是件好事。"吴王在心里默默想。

慢慢地，吴王发现颜不疑对其他人也是这样。为了表现自己，颜不疑经常言辞激烈地批评别人。

许多大臣都对吴王说："大王，颜不疑的确有学识，但他这样唯我独尊，大家就没办法一起做事了啊！"

这可怎么办呢？

吴王想了三天三夜，决定邀请颜不疑一起去外面玩几天，和他好好聊聊这件事。

他们乘船沿着长江而下，江风呼呼地在耳边吹过。两岸的深山中时不时传来一两声猴叫。

吴王灵机一动，对颜不疑说："此情此景，让我想起小时候咱们一起打猎玩耍的时光。不如我们下船，到山上打猎去吧！"

颜不疑没法拒绝，只得跟着吴王一起爬上猴山。

猴子们原本从这棵树跳到那棵树，玩得正开心，突然看到这么多人，都吓得赶紧四处逃开了。不过，有一只猴子是例外。

它是猴群中最敏捷的猴子之一，看到吴王一行人，一点儿也不害怕，反而更加大胆地在树上跳来跳去，还故意翻了一个跟头。

吴王拿起弓箭，快速朝猴子射去。这只猴子敏捷地抓住了突如其来的飞箭，朝吴王等人龇牙咧嘴地嘶叫了一声。

见状，吴王挥了挥手，命令手下道："一起放箭！"

这会儿，猴子躲避不及，一下子就被人射倒，从树上掉落下来了。

吴王回过头对看呆的颜不疑说："这只猴子的确很敏捷，怪就怪在它不该向我们炫耀它的灵巧。无论是做人还是做猴，都不能犯骄傲的毛病呀！"

从那之后，颜不疑认识到了自己的错误。他虚心向人请教，克服掉自己骄傲自满的毛病。三年之后，朝堂上的官员们都对他赞誉有加。

切忌恃才傲物

恃才傲物是一个成语，为贬义词，多用于形容仗着自己有才能而看不起人。虽然颜不疑并不是故意恃才傲物，但他的行动表露出了他的潜意识——他仗着自己有学识和能力，总带着高高在上的心态去点评他人。如果他真的尊重对方，至少会考虑到自己说话时对方的感受。比如我们跟老师、父母说话时，就会用尊敬、有礼貌的态度。对不如自己或者自己轻视的人才会用指责的态度。

历史上，就有一位富有聪明才智的人因为恃才傲物而失去了性命。想必同学们都听说过曹操，他是东汉末期的权臣。曹操生性多疑，他有一位谋士叫作杨修。杨修非常聪明，总能立马猜到曹操不曾说出口的话，并自作聪明地为曹操做决定。比如有一天，曹操在新建的花园的大门上写了一个"活"字，还没等曹操下指令，杨修便说门内写"活"字，意思指"阔"，下令重修大门。曹操知道这件事后，虽然表面夸杨修聪明，但内心很不高兴。后来又有一次，曹操出兵进攻对手刘备，进退两难时，他对着鸡汤说了一句"鸡肋"。杨修听到后，便让士兵们收拾行李。曹操问杨修为何，杨修说鸡肋代表食之无味弃之可惜，不就是退兵的意思吗？虽然杨修猜对了曹操的想法，但因为轻视曹操而率先下决定，最后惹得曹操大怒，下令把他杀了。

有才华的人有时候会觉得自己很厉害，但真正聪明的人不会因为自己有能力就看不起别人。一个优秀的人不仅要有聪明的头脑，还要懂得关心别人、尊重别人，这也是很重要的能力。就像故事里的颜不疑，他放下了自己的骄傲，变得谦虚有礼，最后大家都喜欢他、称赞他。所以，我们要学会谦虚，懂得尊重别人，这样才能成为更优秀的人！

想一想

　　"恃才傲物"和"有恃无恐"中都有"恃"字，你知道这个字是什么意思吗？

邯郸学步

释义 比喻模仿别人不到家，反倒把自己原有的长处也丢掉了。

出处 《庄子·秋水》

近义词 鹦鹉学舌·东施效颦（pín）

反义词 标新立异·我行我素

战国时期，有一位住在燕国寿陵的少年，他过着吃穿不愁的生活，可常常表现得不自信。

在书塾学习的时候，他总是觉得一起学习的同学都比自己聪明，回答问题很完美，而自己却结结巴巴的，一句完整的话都说不好。

"我要学习好好说话！"他回家这样说。

走在大街上，他看到别人穿的衣服十分华丽，一言一行是那样优雅。再看看自己，他觉得自己像个乞丐。

"我要学习好好穿衣服，言行举止要有礼貌。"

他总是觉得自己事事都不如别人，看到别人做什么都想学一学。虽然每天都在不停地学习，但他学一样丢一样，始终不能做好一件事。

家里人劝他："你自己已经很好了，没必要事事都非要学习别人呀！"

他开始觉得自己走路姿势不如别人好看。有一天，少年偶然听到街边的商贩讨论："我觉得邯郸人走路的姿势是最美的！"

周围人也纷纷附和："邯郸人走路姿势第二的话，没人敢排第一！"

从那之后，少年饭也不想吃，觉也睡不好，总在心里想："邯郸人到底是怎么走路的呢？"

他实在忍不住了，偷偷离开家，来到了邯郸。

少年站在邯郸的大街上，看着来来往往的行人，眼睛都花了。

一个风度翩翩的年轻人从他眼前经过，少年高兴地对自己说："这个人和我

年纪相近，我先学他的步伐。"于是，他认认真真地跟在年轻人后面学起来。

年轻人迈左脚，他也迈左脚，年轻人迈右脚，他也迈右脚。一不留神，左脚踩到右脚，他摔了个大跟头，把年轻人也跟丢了。

不一会儿，一个老人走过来。他觉得老人走路的姿势更成熟稳重，又跟在老人身后学起来。走了几步，他又觉得还是小孩走路的姿势最好看。

他一会儿学这个人走路，一会儿学那个人走路。他走了整整一天，累得腰酸背痛，结果什么也没学会。

就这样一连过了好几个月，燕国少年越学越差劲，不仅没有学会邯郸人怎么走路，把自己怎么走路也忘光了。

慢慢地，他带的钱都用光了，他又忘记了怎么走路，只得在地上爬着沿街乞讨。

燕国少年学步失败的故事传回他的家乡，早已心急如焚的家人这才知道他的下落，赶来邯郸把他接了回去。

不要盲目模仿他人

燕国少年觉得邯郸人走路好看，便盲目地学习邯郸人走路的方式，最终忘记了自己原本是怎么走路的。历史上还有一个类似的典故，叫作东施效颦，讲的是东施羡慕西施生病后的憔悴容貌，模仿西施的病容，导致大家以为她真的生病了，反而躲她远远的。

这两件事听来可笑，但在生活中时常发生类似的事情。比如你看到某个同学穿的衣服十分好看，你买了同款，却不如对方穿得好看。为什么？这是因为每个人都有自己的独特之处，因此适合自己的衣服也是不一样的。你买这件衣服时，只注意到对方穿着好看，却忽略了

衣服是否适合自己，导致画虎不成反类犬。所以我们不应该盲目跟风模仿别人，而是要尊重并珍视自己的特色，发挥自己的潜力和优势。俗话说，只有适合自己的才是最好的。但想要不盲从很难，这要求我们要有独立思考的能力，并根据实际情况做出正确的选择。

　　燕国少年学邯郸人走路，也只是肤浅地模仿邯郸人的走路姿势，并没有深入研究邯郸人为何走路姿势漂亮。如果他能掌握其中的精髓，那么他就能将邯郸人的优势转化为自己的优势。这告诉我们，学习新知识时要注重理解知识的本质和内涵，而不是只停留在表面上。

想一想

　　邯郸学步一般是人们自谦的时候所用的词，你知道谦辞是什么意思吗？能举例几个谦辞吗？

《孟子》篇

月攘一鸡

释义　　讲述一人每日偷邻家鸡，被劝后称将每月偷一只，待明年再止。孟子借此讽刺那些明知故犯、不愿彻底改正错误的人。

出　处　《孟子·滕（téng）文公下》

近义词　知错就改

反义词　将错就错·屡教不改

集市上，各类铺摆着琳琅满目的商品。卖菜的吆喝着："新鲜的大白菜！"

琳琅满目

满眼都是美玉，形容各种美好的东西很多（多指书籍或工艺品）。

卖鞋的、卖玩具的、卖肉的、卖书的……个个都用上最热情欢快的声音叫卖着，街上人来人往，整个集市十分热闹。

在这热闹的集市中，有一个少年。他穿着破了很多洞的衣服，蓬头垢（gòu）面，蹲在街边的角落。

他是一个乞丐，正虚弱地对着来往的行人喊着："行行好吧！给我点儿饭吃吧！"听起来已经饿得没有力气了。

过了一会儿，一个衣着华丽的中年男子来到少年面前问道："你还年轻，怎么不干别的活来养活自己呢？"

少年抬起头，双眼呆滞地看着这个人，说："我不知道自己能干什么。我的爷爷是乞丐，我的爸爸也是乞丐。除了乞讨，他们没教我什么别的。"

这个男子摇摇头，对少年说："我给你一栋木房子，一块田地，你愿意自己干活吗？"

少年一听，连忙给这位好心的大人磕头谢恩："我愿意！谢谢大人，谢谢大人！"

就这样，少年住进了好心人安排的木屋里。

好心人走后，少年在新家里高兴得手舞足蹈："以后不用乞讨了，我每天只需要去邻居家偷一只鸡，这就足够我吃了。"

到了夜晚，他偷偷溜进邻居家里。他找准鸡圈的位置，一只手抓住鸡的脚，另一只手把鸡的

嘴巴捂住，眼睛警惕地四处看。见没人发现，他连忙抓着这只鸡跑回自己家。

他偷东西的本领高着呢！他做乞丐的时候没人打赏银子，全靠偷东西填饱肚子。

一开始，邻居以为鸡被黄鼠狼叼走了。他把鸡圈的围墙加高了，墙上的窟窿也补上了，鸡还是丢了；后来，邻居把鸡圈上了锁，鸡依旧丢了。

最后，邻居知道了是新搬来的少年偷走了他的鸡。消息传到那位好心人耳朵里，他过来找少年，劝道："正正经经做人，要懂得是非好坏。偷东西可不是个好习惯呀！"

少年低着头，惭愧地说："我慢慢改正。先少偷一些，从一天偷一只改为一个月偷一只，到明年再停止偷吧！"

好心人生气地问："既然已经知道偷东西是错的，就应该赶快改正，为什么要等到明年呢？"

犯错要及时改正

乞丐少年在被好心人发现偷鸡的行为后，虽然承认了自己的错误，却说要慢慢改正错误，从一天偷一只鸡改为一个月偷一只，直到明年此时就不再偷鸡。偷鸡这个行为本身就是错误的，何来一个月偷一只鸡就强于一天偷一只鸡的道理呢？而乞丐少年这种投机取巧的心态会发生在我们每个人的身上。

比如有些同学觉得学习很难，抗拒学习，但是又不得不学，于是每天敷衍地学一学，认为这也算学过了，起码父母是看到他在学习了。这种心理跟乞丐少年少偷鸡的心态如出一辙。乞丐少年可能并没有认识到自己偷鸡的行为是错误的，但他又害怕好心人收回给予他的住所和田地，于是许下敷衍的承诺：少偷一些鸡。为什么？因为他知道自己如果靠种地为生要付出辛勤劳动，而偷鸡来得多轻松啊。

每天少犯一点错和多犯一点错，其结果都是一样的，只是造成其结果的时间长短不一样罢了。敷衍式的学习，成绩不会有任何起色，甚至可能退步，最终只是在浪费时间。即使没有好心人的劝阻，乞丐少年总有一天也会为自己的错误行为付出代价——被人抓住，扭送进衙门坐牢。

所以在遇到类似情况时，首先，要认识到错误的严重性，它是改正错误的基础条件；其次，要勇于承认错误，它是改正错误的前提；然后，在承认错误后，要积极去寻求改变；最后，珍惜改正错误的机会，让事情回归到正轨上来。

想一想

该故事出自儒家经典著作《孟子》，孟子和孔子都是儒家文化的代表人物，能讲一讲你对孟子的了解吗？

一曝十寒

释义 即使是最容易生长的植物，晒一天，冻十天，也不可能生长；后比喻学习或工作一时勤奋，一时又懒散，没有恒心和毅力。

出处 《孟子·告子上》

近义词 半途而废·为德不终

反义词 水滴石穿·有始有终

战国时期，齐国有一位充满才学的辩士，他的名字叫孟子。

在齐国都城里，几乎人人都知道孟子的大名。大人们常常对自家小孩说："你要好好读书，以后像孟子一样有学问。"

齐王早就想见见这位大名鼎鼎的孟子了，不过孟子一直在别的国家游学。

这一天，孟子刚从外面游学回来。齐王听说后，赶紧派人把孟子请到王宫来。为了款待孟子，齐王特意让人准备了精美的歌舞，还让厨师做了珍馐（xiū）美味。

孟子看着桌上大盘珍贵的菜肴，心痛地直摇头："大王，您知道这桌饭菜需要多少钱吗？"

齐王以为孟子不好意思，连忙摆摆手说："不贵，不贵！你就当在自己家，随便吃！你不来，我平常也是吃这些呀！"

他正准备去拉孟子入座，孟子却生气地甩开了他的手："实在是太浪费了！现在齐国大部分人家只有过年过节才吃得起肉，还有很多人都吃不饱饭呢！您吃一顿饭的钱，换成粮食的话，已经足够让一个三口之家吃好几个月了！"

"要不是你告诉我，我还不知道呢！从明天起，我一定改正！"齐王十分惭愧地说，"不过，现在菜都做好了，不吃不是更浪费吗？"

他俩吃完饭后，齐王对侍从吩咐说："听到了吗？从明天起，饭菜不能铺张浪费！"

第二天，孟子又来拜见齐王。他发现齐王果然吃着简单的饭菜，心里很欣慰。

他在心里暗暗下决心：看来我们的大王还是想好好治理国家的，我得用心帮他呀！

从那之后，孟子常常给齐王讲他见到的趣事，也经常对国家治理上的事情提一些建议。齐王听了，也都一一照做。

除了面见齐王，孟子每天自己还要看书学习，还要给学生讲课。他的时间实在是不够用啊！

过了很长一段时间后，孟子心想：大王现在总该有点儿进步了吧？

孟子去验收齐王的学习成果。一问才知道，齐王吃饭还是铺张浪费，给他提的治国建议也总是坚持没几天就放弃了。

孟子怒气冲冲地来到齐王面前，说："大王，你实在是太不明智了！"

齐王很不解地问："你说的我都照做了，但是没效果，所以才放弃的啊！"

"天底下虽然有生命力很顽强的生物，可是你把它放在阳光下晒了一天，又在阴寒的地方冻了十天，它也活不成啊！"孟子悲痛地说，"我们在一起时，你用心改正了；等我一走，你又听信奸臣的话，这怎么能真正做好事呢？"

持之以恒才能成大事

齐王有治理国家的想法，因此听从孟子的建议，将铺张奢靡的生活作风改为简单朴素，然而他缺少持之以恒的毅力，没几天就故态复萌了。齐王也是普通人，也需要战胜精神上的"懒惰"。举一个最常见的例子，我们经常会看到某人声称要减肥，这个人一开始积极性特别高，每天都吃得清淡且少，就在我们都以为他下这么大的决心，肯定会成功时，却发现他又恢复了大吃大喝的日常，并抱怨说减肥对他来说太难了。

我们常常因为短时间内看不到想要的结果，就很容易放弃努力。

其实，懒惰是每个人都会有的想法，但如果放弃了，之前的所有努力就都白费了。如果成功是一件很简单的事，那每个人都能轻松做到。正是因为成功不容易，我们才更需要坚持到底，才能看到最后的胜利！所以，不要轻易放弃，坚持下去，你一定会离目标越来越近！

那如何做到坚持呢？首先，我们可以给自己设立一个明确的目标，比如在本学期将一门课的成绩提高20分；其次，给目标制订详细的计划，我们可以把这20分按照时间段拆分成一个个小目标，比如一个月提高5～10分；然后，我们按照计划去执行这一个个小目标，每达成一个目标就给予自己一个奖励；最后，要及时发现问题并进行调整。如果某个计划执行不下去了，那可能是存在一些小障碍，要将它调整为更易于执行的计划。

同学们要记住，不要因为短暂的困难或诱惑就放弃长期的努力啊！

想一想

你认为你是一个能持之以恒的人，还是会半途而废的人？如果你是前者，总结你成功的经验，并分享给你的同学们吧；如果你是后者，反思一下如何进步吧！

专心致志

释义　　形容一心一意、精神高度集中地做事，也作"专心一志"。

出处　《孟子·告子上》

近义词　全神贯注·屏气凝神

反义词　魂不守舍·心猿意马

"铛铛铛！"

一场紧张的围棋比赛刚刚结束。获胜的人穿着一身白衣，正站在台上，谦虚地朝众人拱手致谢。

围观的人们看得热血沸腾，都欢呼起来："奕（yì）秋，奕秋！"

有人疑惑地问："奕秋到底是谁呀，怎么大家都这么拥护他？"

"奕秋都不认识，那你还下什么棋呀！"周围人嘟囔着。

"咱们国家，下棋最好的非奕秋莫属！他要是说第二，那就没人敢称第一了！"

不过，奕秋本人根本不在乎这些虚名。赢了比赛，他回家也是一副忧心忡忡的样子。仆人觉得奇怪，问道："大人，您赢了比赛，怎么也不高兴呢？"

奕秋深深地叹了一口气："哎，我年纪大了，下棋下得再好，也没有人继承我的棋艺呀！"

仆人心想：您下棋太厉害了，谁敢来拜师呀？仆人默默记下了奕秋的心愿，在外面给他挑选起学生来。

有一天，两个年轻人听说奕秋想招学生，便来家里拜师。

经过一番考验，他们都很有天赋。奕秋高兴地把他俩都收做了徒弟。

第二天，奕秋开始给这两个年轻人上课。他一心想把自己全部的本领都教给学生，所以讲得特别认真。

正当他讲得口干舌燥，准备喝口水歇一歇时，他发现其中一个学生专心致志地听他讲课，还认真地做笔记；而另一位学生，表面也在认真听课，实际上思想却很不集中，只是呆呆地看着奕秋。

认真听讲的那个年轻人进步很快；精神不集中的那个呢，整天胡思乱想地混过了一天又一天，棋艺一点儿也没有进步。

这天，奕秋讲完课，他对两个学生说："你们俩一起学棋，今天就比一局吧！"

两个人按照奕秋的吩咐摆开棋盘，开局不久就能看出胜负了：一个从容不迫地进攻和防守，另一个手忙脚乱地应付。

奕秋叹了一口气，语重心长地对棋艺差的学生说："你们学的时间一样长，上课的内容也是一样。他上课专心致志，所以进步快。而你呢，上课心不在焉，已经落后一大截了！"

态度决定一切

学生甲和学生乙在下棋方面都很有天赋，同时拜于围棋名家弈秋的门下，两个人学习的时间也一样长，然而在两个人进行围棋比赛时，学生乙却输给了学生甲——因为学生乙没有认真听过课。可见学习的态度有多重要，它直接影响了学习的结果。

专心致志的反义词是三心二意，生活中，我们常常会犯三心二意的错误。比如考试时，如果心不在焉，就算平时学得再好，也可能做错题。再比如，吃饭时如果只顾着看电视，可能会不小心把饭菜洒得到处都是。所以，做任何事情都要专心，这样才能把事情做好，避免犯错。

所以专心致志是做任何事的前提，无论是在学习还是在生活中，它都能够帮助我们更加深入地理解问题，更加细致地执行任务，增加成功的可能性。我们学习时，就要把心思全放在书本上，不被窗外的鸟叫声、小伙伴的玩耍声所干扰。就像小树苗需要专心吸收阳光和雨露才能茁壮成长，我们的知识也需要专心致志地积累，才能慢慢丰富起来。生活中也是如此，比如画画时，我们要全神贯注于画笔和色彩，才能画出心中的美丽图画；做作业时，只有一心一意，才能快速又准确地完成任务，留出更多时间去玩耍和探索。

那么，怎么做到专心致志呢？可以试试给自己设定一个小目标，比如"我今天要读完这本书"，然后关掉电视，放下手机，找一个安静的地方，专心致志地读起来。还可以用闹钟设定好时间，让自己在规定的时间内专心做事。

想一想

你还知道哪些专心致志的近义词吗？用这些词造一个句子来激励自己吧！

五十步笑百步

释义 本义是作战时后退了五十步的人嘲笑后退了百步的人，后用来比喻自己跟别人有同样的缺点或错误，只是程度上轻一些，却讥笑别人。

出　处 《孟子·梁惠王上》

近义词 半斤八两·一丘之貉（hé）

反义词 截然不同·天差地远

很久以前，魏国有一位国君叫梁惠王。

他每天清晨就起床处理国事，深夜才睡觉。虽然他已经很辛苦地治理国家了，大臣们每天上朝时还是对他抱怨："大王，咱们国家的人口太少了！"

梁惠王很无奈地说："这个问题我也没办法呀！"

他听说孟子很有才能，便把孟子请来，向他请教："我对国家已经尽心尽力了，为什么魏国的百姓还是没有增多啊？"

孟子问道："您是怎么做的呢？"

"河内如果出现饥荒，我就把河内的一部分的百姓迁到河东去，把河东多余的粮食调到河内。假如河东出现灾情，我也会用一样的方法，"梁惠王一把鼻涕一把泪地说，"天底下再也没有哪个国君像我这样体贴了吧？"

孟子笑了笑，对梁惠王说："问您一个问题，战争打响的时候，有两个士兵同时弃甲而逃。一个一口气跑了五十步，一个跑了一百步。您觉得哪个士兵更可恶呢？"

梁惠王毫不犹豫地说："都很可恶！"

"没错！可是那个只跑了五十步的却笑话跑了一百步的，说对方是个胆小鬼。"孟子继续说。

"跑五十步也是逃兵，怎么还嘲笑别人呀！"梁惠王十分不屑地说。

孟子收起笑脸，严肃地对梁惠王说："在我看来，您现在就是以五十步笑百步啊！"

"为什么这样说呢？"梁惠王十分疑惑。

孟子拍拍衣服问："难道农忙的时候，您没有征兵吗？"

梁惠王羞红了脸，不说话了。

"换个问题，大王觉得对百姓来说最重要的是什么？"孟子继续问道。

"有饭吃，有衣服穿。"梁惠王回答。

孟子点点头，语重心长地说："农忙的时候，别征兵，让百姓种粮食去。这样百姓才能吃饱饭。如果您再下令多种桑树，多养猪狗家禽，百姓就有肉吃、有衣服穿。天下人都归附你，还愁魏国不强大吗？"

梁惠王听了连连点头："你说得太对了！"

学会自我反思

梁惠王明明知道，在战场上逃跑了五十步的士兵是没资格嘲笑逃跑了一百步的士兵，自己却依然犯下类似的错误——自己没有比其他国君做得好，却认为自己做得很好了。可见一个人要有自知之明有多难。

人总是会潜意识地美化自己的所作所为，很难正确地认清自己，因此学会自我反思是十分重要的。那么如何正确、有效地进行自我反思呢？可以通过以下几个办法实施：

反思日记本

1. 每天或者定期设定一个固定时间点，这个时间就是用于自我反思的时间。

2. 每天写日记，将一天的经历、感受记录下来。

3. 向自己提问，比如今天哪些事情是你觉得做得不够好的，你会为什么会这样做。

4. 向家人、朋友、同学提问，让他们指出你的问题，给你提意见。

5. 深入分析自己在某件事上失败的原因，总结其中的教训。

6. 持续学习、阅读并与他人交流，拓宽自己的眼界，提高自己的认知水平。

当然，自我反思的主要目的是让我们更好地认识自己，不断追求个人的进步和成长。因此，通过反思及时发现自身的问题，并制订相应的改进计划，最终付诸实践才可以。

想一想

从今天开始准备一个反思日记本吧，结合上面的办法进行自我反思，相信过一段时间你就会有所成长！你会成为一个更好的自己。

拔苗助长

释义 　把苗拔起来，帮助其成长。比喻违反事物的发展规律，急于求成，最后事与愿违。也可写作"揠（yà）苗助长"。

出　处 　《孟子·公孙丑上》

近义词 　欲速不达

反义词 　放任自流·顺其自然

　　宋国有一个十分勤劳的农民。每天鸡刚鸣叫的时候，他已经扛着锄头，去田地里干农活了。

　　邻居们在背地里笑话他："每天天不亮就出门了，到了晚上才摸黑回来，收割的粮食也没有比我们多呀！"

"就是，天黑到田地里啥也看不见，还不如多睡一会儿，养好精神呢！"

这个宋人可不管这些。这天，他顶着烈日，弯着腰缓慢地移动着，仔仔细细地拔杂草。

拔完草后，他又检查了三遍，直到田地里一棵杂草也没有了，他才停下来休息一会儿。

"哎，我的禾苗什么时候才能长大呀？"宋人一边用帽子扇风，一边自言自语。

"有了！"宋人找来一根绳子，他用绳子量了量禾苗的高度，然后打上一个记号。

"嘿嘿，我每天都来量一次，这样就能知道禾苗到底有没有长高了！"他兴奋地说。

第二天，他拿绳子对着禾苗比了又比，发现禾苗没有长高多少。他很失落，除草都没有以前认真了。

第三天，他又拿绳子对着禾苗比画，发现禾苗的高度还是没什么变化。

一连很多天过去了，禾苗也只长高了一点儿。宋人对禾苗长高的速度很不

满意："别人都嘲笑我，你们一定要快快长高，给那些人瞧瞧啊！"

他灵机一动，想到一个好主意："既然你们长得慢，那我就来帮帮你们吧！"

说干就干，他蹲在禾苗旁，用手一株一株地把禾苗从泥土中拔起来一些。这样一看，禾苗确实比之前高了不少。

"哈哈，如果每天把禾苗拔高一点儿，我的禾苗就能比别人家的长得更快，"宋人笑道，"别人一年只收割一次，我还能收割两次呢！"

他累得气喘吁吁，回家对家里人说："今天可把我累坏了。不过，我让咱们家的禾苗全部长高了。"

他的儿子赶忙跑到地里去看，禾苗已经全部死掉了。

欲速则不达

一位农夫为了让他的禾苗快点长高，竟然亲手把禾苗一棵棵往上拔，结果禾苗全都枯死了。这个故事极其可笑，但也让人深思。它告诉我们，做事情不能急于求成，要有耐心，要遵循事物发展的自然规律。就像禾苗的生长一样，需要阳光、雨露和时间的滋养，一步一步慢慢长大。如果我们心急，想要一下子就看到结果，往往会适得其反，就像那个农夫一样，最终一无所获。

做任何事都不是一蹴而就的。俗话说"一口吃不成胖子""心急吃不了热豆腐"，想要做成一件事，是必定要花费一些时间。在学习新知识时，我们往往会遇到各种难题和挑战，这时候，急于求成的心态往往会让我们感到挫败和焦虑。然而，真正的智慧在于认识到，学习是一个循序渐进的过程，需要我们在日复一日的学习中，不断积

累知识，深化理解，提升能力。就像建造一座高楼大厦，不能指望一夜之间拔地而起，而是需要一砖一瓦地堆砌，一层一层地搭建，最终才能屹立不倒。或者，当我们想要练习一项技能时，比如弹钢琴、画画，不可能期望几天就能成为大师，而是需要反复练习，不断磨炼，才能有所成就。

欲速则不达！做事不急躁，不贪心，一步一个脚印，稳扎稳打。这样，我们才能在学习和成长的路上走得更远，收获更多。就像那些耐心等待、自然生长的禾苗，最终会迎来丰收的季节一样。

想一想

如果你是这位宋国农民，把禾苗拔死了，接下来你会怎么挽救呢？

齐人有一妻一妾

释义   形容不顾礼义廉耻、以卑鄙的手段追求享乐的人或行为。

出　处 《孟子·离娄下》

近义词 好逸恶（wù）劳·贪图享受

反义词 不辞辛劳·克勤克俭

齐国有一个男子，带着自己的妻妾住在一起。他没有工作，但每天晚上都喝得醉醺醺地回来。

夜已经深了，街坊邻居都关了灯，睡了好一会儿了，齐人这才酒足饭饱，晃晃悠悠地摸着黑回来了。

"开门，快给我开门！"这个齐人一边敲门一边大喊。

响亮的敲门声和叫喊声一下子把邻居养的狗惊醒了，汪汪地叫个不停。他的妻子连忙披着衣服跑来给他开门："怎么又喝醉了？"

　　妻子在心里暗暗嘀咕："没听说他在外面做什么大事，家里也过着勉强有饭吃的生活。他哪里来的钱常常在外面大吃大喝呢？"

　　她一边扶着齐人回房间，一边问："你天天喝酒，从哪里来的钱啊？"

　　齐人拍拍胸膛，夸耀道："我的朋友都是些大人物！人家三天一大宴、两天一小宴，请我去吃，我哪里还需要自己花钱呀？"

　　妻子心想：家里从没来过什么贵客呀！

　　她悄悄对妾说："这里面一定有什么古怪。"

　　第二天，齐人的妻子早早就起了床。眼看齐人又要独自出门了，她悄悄地跟了上去。

　　齐人漫无目的地在街上走着，他一会儿这里逛逛，一会儿那里逛逛，从城的这头走到了那头。

　　他的妻子越看越觉得奇怪："没见什么人和他说过话呀！"

　　天渐渐暗了下来。只见齐人调转方向，朝城东门外走去。女人赶忙小心翼翼地跟了上去，走着走着，喧闹声越来越远，最后来到一片坟地。

她远远看到齐人朝一座坟拜了拜，开始享用上坟的人留下的酒和冷菜。齐人从这个坟头忙活到那个坟头，根本没有注意到自己的秘密已经被发现了。

哪里来的什么达官贵人，原来夜夜请齐人喝酒吃肉的是这些死去的人！

女人又气又怕，一溜烟跑回了家。

齐人的妻子把真相一五一十地告诉了妾，两个人抱着大哭道："我们的命也太苦了！只要他愿意干活，哪怕日子苦点儿也没什么。没想到，他竟然是一个向死人乞讨的窝囊废！"

她们你一言我一语，一起骂起这个懒惰的男人来。

齐人什么也不知道，回家后像往常一样得意扬扬地吹牛说："今天的酒会也十分热闹呢！"

不过，他的妻和妾都不愿意搭理他了。

谎言只能是一时的

　　齐人每天在外面靠吃祭祀饭来填饱肚子，回家后却在妻和妾的面前伪装成是富贵朋友请他吃饭。妻和妾察觉事情不对，在跟踪齐人以后，终于发现了事情的真相。这个故事听起来有些好笑，但现实中却常常上演。

　　比如，有的小朋友考试没考好，却对爸爸妈妈说卷子没发；或者弄坏了玩具，却说是别人弄的。这些谎言可能暂时瞒过去了，但时间一长，总会露出马脚。就像纸包不住火，真相迟早会被发现。

　　说谎不仅会让别人失望，还会让自己心里不安。想象一下，如果你撒了谎，可能会一直担心被揭穿，甚至晚上睡觉都睡不踏实。而且，一旦谎言被揭穿，爸爸妈妈、老师或朋友可能会对你失去信任，以后再说什么，他们可能都会怀疑。

相反，如果你勇敢承认错误，比如告诉爸爸妈妈"这次考试我没考好，但我会努力下次考得更好"，或者坦白"我不小心弄坏了玩具，对不起"，他们反而会觉得你诚实可靠，愿意帮助你一起解决问题。诚实不仅能让我们心里踏实，还能让生活变得更简单、更快乐。

所以，记住：诚实是最好的选择，它能让我们赢得别人的信任，也能让自己变得更勇敢、更坚强！

想一想

在生活中，你见过齐人这样的人吗？你会如何辨别这类人？

王良御车

释义 人们在做任何事情时，都应该有自己的标准和底线。

出 处 《孟子·滕文公下》

近义词 洁身自爱·疾恶如仇

反义词 同流合污·沆瀣（xiè）一气

赵国有一位驾车技术极高的车夫，名叫王良。他驾起车来稳稳当当的，让人像坐在平地上一样舒服。

赵国的赵简子听说后，对仆人说："去请王良来给我驾车吧！"

王良驾车有自己的原则，马儿不愿意走的路坚决不走，计划好的路线也不轻易改变。他很细心，每天会亲自喂马，给马洗澡，还把马车擦得干干净净的。没过多久，赵简子对这个车夫越来越喜欢，不管去到哪儿都让王良给他驾车。

有一天，赵简子和他的宠臣奚来到郊外的狩猎场。奚早就听说了王良的大名，他一见赵简子

就说："都说你有个很宝贝的车夫，今天就借给我用用呗！"

"这有什么难的。"赵简子笑了笑，转头对王良说："你去给奚驾车吧！"

他们一起坐上马车，王良驾车，奚手握弓箭坐在旁边。只见王良熟练地握着缰绳，喊了一声："驾！"马儿像一位默契的老朋友，立马扬起蹄子跑了起来。

才跑了一会儿，奚就大喊大叫道："哎，停下，停下，往东边走！那儿有一只鸟！"

王良依旧按照自己的规则驾车，说："上了马车也是有规矩的，不能随便更改路线。"

奚一路指手画脚，提了很多要求，王良一个也没照做。结果，一天下来，奚一只鸟也没有打到。

他气冲冲地跑去对赵简子说："王良驾车太差劲了，害得我什么也没打到。"

知道这个消息后，王良来求见奚，对他说："就让我再给你驾一次车吧！"

奚愤愤不平地嘟囔："算了算了，我不想浪费时间！"

"再试试吧，这次不会让你失望的。"王良劝说了好一会儿，奚终于同意了这个提议。

这一次，奚想往哪边走，王良就往哪边驾车。才短短一个上午，奚已经打了十只鸟了。

回去后，奚高高兴兴地对赵简子说："天底下最好的车夫非王良莫属！"

见奚这么喜欢王良，赵简子把王良叫到跟前来，对他说："以后你专门给奚驾车吧！"

王良一听，连忙摇头："我按照规则为他驾车，一整天都没有打到鸟；违背规则驾车，他一上午就打了十只鸟。这样反反复复、不遵守规则的人，我才不会给他驾车呢！"

不去!!

该不该为了别人放弃自己的原则？

在外人看来，可能会无法理解赵国人王良的行为——只不过是一份驾驶马车的工作罢了，为何要立下那么多规矩，还不肯为赵简子的宠臣奚工作？给谁驾驶马车不都一样吗？而我们站在王良的角度去思考，就能理解了。

王良会亲自给马喂食、洗澡，不强求马儿走不愿意走的路，可以看出他不只是把驾驶马车当作工作，还把马儿当成了朋友，所以他非常尊重马儿的意愿。马儿在感受到这份尊重后，也因此乐意配合他，将马车行驶得稳稳当当。对于王良这种在外人看来很怪异的习惯，赵简子也愿意给予尊重，因而王良工作得十分愉快。

直到赵简子的下属奚出现，仗着自己所拥有的权力对王良指手画脚。一开始，王良没有听从，而是坚持了自己的原则，奚无法理解他

的行为，便向赵简子投诉他。为了保住工作，王良求得了再次给奚驾驶马车的机会，这次虽然他满足了奚的所有要求，自己却感觉不开心了。这个时候，在王良看来，他之前不用做违心的事情就可以工作得很开心，现在又何必没苦硬吃，非要给奚这种讨厌的人驾驶马车呢？所以王良选择辞职也是正常的。

在生活中，我们常常会遇到这样的问题：如果拒绝别人的要求，自己会觉得轻松；但如果答应了，又可能会让自己不开心。那么，该怎么选择呢？其实，这要看具体情况。

比如，如果你的朋友想借你最喜欢的玩具，但你真的很舍不得，那就勇敢地说"不"，因为这是你的底线。如果朋友想让你帮忙做一件小事，虽然有点麻烦，但你可以和他商量，比如告诉他"我现在有点忙，等一会儿再帮你"，这样既不会让自己太难受，也不会得罪朋友。还有一种情况，比如妈妈让你多吃点蔬菜，虽然你不喜欢，但你知道这对身体好，那就可以试着接受。

总之，遇到这种情况时，可以先问问自己：这件事我能不能接受？如果实在不能，就明确拒绝；如果可以稍微让步，就和对方商量；如果觉得虽然有点不舒服，但对自己有好处，那也可以答应。这样既能保护自己，又能和别人友好相处，是不是很棒呢？

想一想

学会说"不"也是一种很重要的能力，你会在什么情况下拒绝别人的请求呢？

《列子》篇

愚公移山

释义 　形容坚持不懈地改造自然和坚定不移地进行斗争。比喻努力不懈，不畏艰难。

出　处 《列子·汤问》

近义词 持之以恒·锲（qiè）而不舍

反义词 虎头蛇尾

"唉——愁啊！"

大清早的，这个老爷爷怎么唉声叹气的？

原来啊，愚公每次推开大门，都能看到两座巍峨的高山。高山不仅阻挡了阳光，也让下山的路变得特别困难。愚公年纪大了，实在是绕不动路了。

于是他就思考，该怎么把这两座山弄走。

听到愚公的抱怨，太行（háng）、王屋山也很委屈："你看我们也一大把年纪了，想走都走不动了。"

也是，愚公看着两座年迈的大山，指望它们自己走，估计是不可能了。

"召开紧急家庭会议！"

愚公把家里的人都召集起来，告诉他们自己决定挖山！他竟然想把太行、王屋两座大山弄走。

他提出了这个建议之后，他的妻子问道："老伴儿啊，凭你的力气，魁父这样的小山丘你都不能把它移动分毫，更何况那两座巨大的山呢？再说了，两座山的石块我们运送到哪里去呢？"

愚公的儿子举手发言："我们可以把石块移到渤海的边上、隐土的北边，你们觉得怎么样？"

愚公听了连连点头赞成，一家人的意见也达成了一致。

说干就干！

第二天，愚公就带着自家的子孙到太行、王屋山的山脚下挑石头了。

村里人见愚公年纪这么大了，还愿意为村子移山，都很感动。大家都拿着锄头和箩筐，加入了移山的队伍。

大人们忙碌地搬石头，刚换门牙的小孩也没有闲着。他们一蹦一跳地捡起小石头，也积极地为移山出一份力。

这时候，村里有个自以为聪明的老人嘲笑愚公："你这个傻瓜，一把年纪了，怎么可能移走这两座大山？恐怕连山上的一棵草，你都搞不动。"

"你才是傻瓜，你连小孩子都不如呢！"愚公反驳道，"我的日子有限，可是我有儿子，还有孙子，孙子又能生儿子，子子孙孙，无穷无尽，还怕有挖不平的那一天？"

那位老人无言以对，灰溜溜地走了。

分管太行、王屋两座山的山神被愚公坚持的精神感动了，他们把这件事报告给了玉皇大帝。在玉皇大帝的吩咐下，两个大力神一人背了一座山，把山移走了。

自从没有了两座高山的阻挡，温暖的阳光终于能够直接照进村子。村民走出村子再也不用爬山了，大家都夸移山移得好。

愚公移山的行为傻不傻？

愚公因为两座大山横亘在自己的屋前，导致自己出行不方便，便妄图凭借人力将大山挖空，不顾自己年事已高，也不考虑这种行为的可行性。在很多人眼里，这种行为天真又愚蠢。毕竟，两座山如此高大，移除它们得何年何月？愚公和他的子孙们可能要花费世世代代的时间，这样的付出和回报似乎极不成比例。在现实生活中，遇到阻碍时，搬家往往是更为便捷的选择，何必耗费巨大的精力和时间在移山上呢？

其实在现实中，愚公移山的行为并不是没有，中国载人登月工程便是非常典型的例子。嫦娥奔月原本只存在于古代神话中，如果在100年前有人问：人类可以登上月球吗？当时的人肯定觉得这个问题

很荒诞吧。这跟愚公把两座大山挖空有什么区别？然而在1969年，人类已经首次登上月球。但同时期的中国人尚处于温饱阶段，登月依然是难以想象的事情。如今经过中国一代又一代人的努力，中国探月工程已经成功实现，"嫦娥六号"探测器将月球土壤带回了地球，并预计在2030年实现载人登月。这是多么不可思议的事情啊。

中国航天事业的成就正体现了愚公精神。因此，我们不能嘲笑愚公移山的"傻"，而是要学习愚公的不畏艰难，在面对强大的困难时，勇于去挑战它；学习愚公的坚持不懈，不轻言放弃，努力想办法去克服它；学习愚公的信念坚定，无论面对何种困难都不退缩；学习愚公的团结协作，懂得依靠团队的力量，和大家一起攻克难关；学习愚公的积极乐观，良好的心态有助于我们战胜困难；学习愚公的长远规划，而非只注重眼前的利益。

想一想

在本子上写下你目前面临的最大挑战，并写出为了克服它，你将实施怎样的计划。

纪昌学射

释义 　讲述了纪昌在名师指导下，通过坚持不懈的努力，最终成为射箭高手。寓意通过刻苦学习，有恒心毅力，终能实现梦想。

出　处 《列子·汤问》

近义词 熟能生巧

反义词 半途而废·浅尝辄（zhé）止

很久以前，有一个叫纪昌的年轻人，他十分喜欢射箭，下定决心要向一位名师学习射箭。

"甘蝇是个射箭高手，他的箭百发百中！不管是飞鸟，还是野兽，都不能从他的箭下逃脱！"有人这样对纪昌说。

"多谢，我这就去找甘蝇学习射箭。"纪昌说。

"哎，别！"这个人又补充道，"你应该向甘蝇的学生飞卫学习射箭，飞卫经过不断练习，本领已经超过他的老师了！"

就这样，纪昌背着行囊告别了家人。他翻过一座又一座山，跨过一条又一条河，终于来到了飞卫家里。

一见到飞卫，纪昌连忙跪在地上："请您收我为徒吧，我想和您学射箭。"

飞卫上下打量着纪昌，摇摇头说："射箭是很辛苦的，你这个小身板能坚持下去吗？不下苦功夫是学不到真本领的！"

纪昌拍拍胸膛，信誓旦旦地说："请您放心吧！我不怕吃苦！"

飞卫笑了笑，对纪昌说："好吧！你先回去练习，什么时候学会看东西不眨眼了，再来找我。"

纪昌回到家里，他躺在妻子的织布机边，两眼直直地盯着来去不停的梭子。这样坚持学了两年，即使锥子刺到他眼前，他眼睛眨也不会眨一下。

他欢欢喜喜地跑去告诉飞卫："我已经学会了。"

飞卫又对他下了命令："你回去练习眼力吧！直到把微小的东西看得很大，把模糊的东西看得清楚，到那时候再来找我。"

听了飞卫的话，纪昌回家找来一根牛毛。他用这根牛毛把一只虱（shī）子拴起来，挂在窗口。

从那之后，纪昌每天都到窗口去，目不转睛地盯着虱子，一待就是一整天。

十天之后，那虱子在纪昌眼里渐渐变大了。

"看来这个方法是正确的。"纪昌更加刻苦地练习起来，不知不觉就这样过去了三年。

这时候，虱子在他眼里已经像车轮一样大了。纪昌转头看其他东西，简直大得像山丘一样。

他抓起旁边的弓箭，一箭就射穿了虱子的身体，而悬挂虱子的牛毛却完好无损。

纪昌把这件事告诉飞卫，飞卫欣喜地对他说："你的箭法已经练成了，而且射箭水平已经超过我了！"

我们该如何学习？

你知道著名的意大利画家达·芬奇吗？那幅人人都知道的名画《蒙娜丽莎》便是出自他之手。他将蒙娜丽莎的微笑画得栩栩如生，无人不称赞。关于他学画画有一个有趣的小故事：达·芬奇从小就是美术奇才，他父亲把他送到著名画家那里学习，然而他的老师最初只是让他一遍遍画鸡蛋。达·芬奇很不服气，认为一个鸡蛋有什么好画的。老师告诉他，世界上没有两个完全相同的鸡蛋，即使只画同一个鸡蛋，也能画出不一样的角度。懂得了这个道理的达·芬奇心服口服，终于认真地画鸡蛋。

这个故事是不是跟纪昌学射有些相似？纪昌学射箭，也是先一遍遍看织布机的梭子，一天天看虱子，以此来锻炼眼力。其实，天底下无论学什么，其方法都大致一样。比如想要学好数学，除了要懂得其中的原理，还要一遍遍做题，从中找到错误并纠正。想要学好一样东西，其过程自然是枯燥乏味的。坐在书桌前，想要玩的心思已经飞到九霄云外，这是很正常的心理。那我们该怎么办呢？

首先，我们可以把学习的时间合理分段，比如学习30分钟，休息10分钟。因为人的大脑本来就难以长时间专注一件事，将学习时间一味拉长也不见得有很大效果。其次，我们要保证充足的睡眠和规律的作息，让身体有一个良好的状态来应对学习。然后，我们要多鼓

励自己，不要遇到一点儿小挫折就埋怨自己。最后，制订合理的学习
计划，避免宏大模糊的计划，细小确切的计划更有助于实施。

想一想

　　千里之行，始于足下。现在拿起本子列出你的学习计划吧，认
真实施，看看一个月后你将有哪些进步。

杞人忧天

释义　　一个杞（qǐ）国人担心天要塌下来。比喻完全不必要的或没有根据的忧虑。

出　处　《列子·天瑞》

近义词　杞天之虑·庸人自扰

反义词　乐天安命·高枕无忧

杞国有一个非常胆小的人，这个人常常思考一些奇怪的问题，周围的人都觉得他有点儿神经质。

有一次吃过晚饭后，他难得悠闲地拿了一把蒲扇，躺在门前的大树下乘凉。

夏日的燥热正慢慢散去，凉风吹来。他一边摇着扇子，一边躺着欣赏晚霞。傍晚的天空中，一朵朵火红的云正快速地移动着。

"一……二……三……"每飘走一片云，他就记下一个数。数着数着，他突然打了一个寒战。

"要是有一天，天塌下来了，那该怎么办呀？"他自言自语道，"房屋都会被压倒，我们也没有地方可以躲，只能被活活压死啊！"

从这以后，每当他准备开开心心地享用晚餐时，他都会想到这个问题。就这样，他饭也吃不好，觉也睡不好，没多久，整个人就消瘦下来了。

朋友见他十分憔悴，关心地询问："你身体不舒服吗？有没有看过医生呀？"

这个人悲伤地回答："我没有生病，只是每天都在担心天塌下来。"

朋友听了觉得不可思议，安慰他："好端端的天怎么会塌下来呢？你想太多了。"

他摇摇头，对朋友说："太阳有升起的时候，也有落下的时候。现在一切都是正常的，说不定什么时候天就砸（zá）下来了呢！"

"就算天有一天会掉下来，咱们肉体凡胎的，也没办法把天撑住呀！"朋友劝道，"与其担心还没发生的事，不如现在好好过日子！"

不管人们怎么说，这个人就是听不进去，还是日日夜夜为这个问题而担惊受怕。

避免过度焦虑

"杞人忧天"的故事中，杞国人整日担心天会塌下来，地会陷下去，自己无处安身，以至于吃不好、睡不好，生活陷入了无尽的烦恼中。这个故事就像一面镜子，折射出我们生活里常常会遇到的两种情绪状态：合理担忧和过度焦虑。

担忧是日常生活中正常的情绪反应。就像考试前，我们担心有些知识点没掌握好，于是认真复习，查漏补缺。这种担忧会促使我们行动起来，做好准备。又比如参加运动会，为了取得好成绩提前训练，这也是合理的。对可能发生的事情有预见，并积极采取措施应对，能够帮助我们防患于未然，更好地应对挑战，是一种具有积极意义的情绪。

但过度焦虑就像故事里的杞人一样，是毫无必要且有害的。有些同学担心考试考不好会被家长批评，一直想一直怕，考试的时候脑子一团乱，成绩反而更差。还有的同学怕上台演讲忘词，结果紧张得连话都说不出来。过度焦虑就是把后果想得太严重，而且只是在心里害怕，不做任何实际的改变，最后往往让自己陷入痛苦的境地，事情也变得更糟糕。

那么，怎么判断自己是否有过度的焦虑呢？其实很简单，关键要看我们担心的事情是不是自己能控制的，以及担心的程度是不是和事情的实际影响匹配。比如，你担心明天的考试时，可以先想想我能做点什么来准备吗？答案是能，那就赶紧复习，把担心变成行动；比如你担心明天会下雨，这是我们无法控制的，你能做的就是放松心情。

避免过度焦虑，让生活和学习变得更轻松、更快乐！请记住，担心是正常的，但不要让担心影响你的心情和行动！

想一想

你觉得"居安思危"和"杞人忧天"这两个故事之间有什么区别吗？

歧路亡羊

释义 　因岔道太多，找不到丢失的羊。比喻事理复杂多变，因而极易迷失方向，误入歧路。

出　处　《列子·说符》

近义词　误入歧途

反义词　改邪归正·弃暗投明

杨子是战国时期有名的哲学家。有一次，他的邻居丢了一只羊。

这户人家的亲朋好友都来了，人多得把他家院子都挤满了。临走前，他还

敲响了杨子的家门，对杨子说："请你家的仆人也帮我找找羊吧！"

杨子看了看他身后密密麻麻的人群，不解地问："丢了一只羊，为什么要这么多人去追呢？"

"岔路太多了，人多找起来更快。"这个丢羊的人回答道。

杨子同意了他的请求，吩咐仆人跟着他一起出去找羊。

时间一点点过去，天渐渐黑了，追羊的人两手空空地回来了。见状，杨子关心地问道："没有找到羊吗？"

邻居摇摇头，失落地说："没追到，还是让它跑掉了。"

"这么多人，怎么还能让它跑掉了呢？"杨子很疑惑。

这个人深深地叹了一口气，说："岔路之中又有岔路，我们不知道它到底从哪条路上跑了。找了一圈又一圈，天黑了，只好回来了。"

邻居走后，杨子变得闷闷不乐起来。仆人觉得很奇怪："大人，羊是不值钱的牲口，而且也不是您自己的。没找到羊，您怎么这么难过呢？"

杨子看了看这个仆人，只是叹了一口气，什么话也没说。

他的学生孟孙阳不太理解，把这件事的经过一五一十地讲给了朋友心都（dū）子听。过了几天，孟孙阳和心都子一起来拜见杨子，向他请教学问上的事。

杨子对他们说："河边住着一个擅长游泳的人，他以划船摆渡为生。大家见他每个月赚那么多钱，都带着粮食来向他学习泅（qiú）渡。不过，这些来学游泳的人当中，最后有一半都溺水死掉了。"

站在岸上学不会游泳……

"他们学游泳是为了不溺于水，但最后却被淹死，结果相差那么大。你们说哪个是对哪个是错呢？"杨子问道。

心都子和孟孙阳从杨子家里走出来之后，孟孙阳迷惑地问道："老师说的到底是什么意思呀？"

心都子叹了一口气，解释道："邻居因为岔路太多而丢失了羊，这不就像我们做学问吗？求学的方法有很多，如果不求专一，也可能像在岔路口找羊一样，最后一无所获呀！"

明确目标，学会判断

　　杨子的邻居把羊弄丢了，求助了一群人来寻找羊，结果这么多人愣是没找回来，原因是岔路太多了，寻找的过程中浪费太多时间，导致羊跑掉了。这个故事虽然简单，却让我们明白一个道理——明确目标与学会判断是何等重要。

　　如果没有明确的目标，我们就会像无头苍蝇一样，四处乱撞，浪费时间和精力。就像放羊人一样，虽然努力寻找，但因为目标不明确，所以始终无法找到那只羊。明确目标是成功的基石。在学习中，

如果我们没有明确的目标，就会像无头苍蝇一样，东学一点，西学一点，知识杂乱无章，最终一事无成。

学会判断是非常重要的。在生活中，我们也需要学会根据信息和经验做出正确判断。比如，考试时遇到不会的题目，可以根据学过的知识推测答案；或者和朋友一起做决定时，可以听听大家的意见，再做出选择。这种判断能力需要我们平时多学习、多观察、多积累经验。就像玩游戏一样，玩得多了，自然就知道该怎么通关。这种判断能力，需要我们平时多积累知识、经验和智慧，才能在关键时刻派上用场。

明确目标和学会判断是相辅相成的。有了明确的目标，我们就能更加有针对性地进行判断；而准确的判断，又能帮助我们更好地实现目标。二者缺一不可。在学习上，我们需要明确自己的学习目标，比如要考取好成绩、掌握新知识等；我们也需要学会判断哪些学习方法更适合自己，哪些知识点是重点需要掌握。在生活中，我们同样需要明确自己的目标和方向，学会判断哪些事情是值得去做的，哪些朋友是值得交往的。

想一想

在本子上写下你的兴趣爱好，选一个作为你主要的学习方向吧！

齐人攫金

释义　　《齐人攫金》讲述齐人因贪图金子而无视他人，抢金被捕后仍称只见金不见人的故事，寓意利欲熏心会令人失去理智。

出　处　《列子·说符》

近义词　利令智昏·利欲熏心

反义词　大公无私·克己奉公

很多年以前，在齐国一个偏远的小村庄里，有一个非常无赖的人。

这个无赖年纪轻轻，但什么活也不干，整天在村子里到处闲逛。渴了的时候，他招呼也不打，直接走进别人家里，对着水缸咕咚咕咚就喝起水来；饿了的时候，他就跑到别人家从锅里舀饭吃。

一开始，大家觉得他年纪小，不懂事，只是不太高兴地对他说："哎呀，下一次进别人家里，一定要征得主人同意才行啊！"

一如既往

指态度或做法没有任何变化，还是像从前一样。

眼看他越长越大，已经长成一个身强力壮的年轻小伙子了，还是一如既往地无赖。村子里的人越来越讨厌他，最后见到他就赶紧关上家门。

没办法，他只得离开村子，到别的地方去找吃的。

他走呀走呀，太阳落山了，月亮出来了。他又渴又累，肚子也咕咕地唱起了歌。

就在这时，他看到不远处有一片瓜田，连忙兴高采烈地跑过去。

盛夏的瓜又大又甜，才吃了半个，他就饱了。他心满意足地打了一个饱嗝，高兴地说："这么多瓜，够我吃好久了！"

窸窸窣（sū）窣的声音惊醒了瓜田的主人，瓜田主人举着锄头从瓜棚冲了过来："谁在偷吃我的瓜？"

"这片瓜田是我看到的，它就是我的。"年轻人像往常一样耍无赖道。

没想到，主人家抡起锄头就朝他砸来："我辛辛苦苦种的瓜，跟你有什么关系！"

"哎哟！"年轻人捂着受伤的腿，灰溜溜地逃走了。

不知不觉，他从村子走到了城里。集市上热闹非凡，大家都穿得整整齐齐的，像年画上的人似的。

年轻人一会儿这儿看看，一会儿那儿摸摸。偶然间，他听到街边有一群人在大声讨论："如果我有金子的话，我就给自己修一座豪华的宫殿！"

他听得眼睛都亮了："这么好的东西，我也想要。"

他顺着别人指引的方向，终于来到集市里卖金子的地方。这会儿，刚好有一个人拿着买到的金子，正仔细查看呢！

他一个箭步冲上去，抢了金子就跑。

"抓小偷啦！"丢金子的人连忙大喊。集市上人来人往，大家一起帮忙，不一会儿就把他抓住，捆着送到官府去了。

官老爷厉声问道："你胆子真大，大庭广众之下也敢抢别人的金子！"

这个人理直气壮地辩解道："我抢金子的时候没看到什么人，只看到了金子呀！"

学会拒绝"齐国人"

我们在生活中多少都接触过类似故事中的齐国人，这类人把一切恶劣行为都视为理所应当。往小了说，比如你买了零食，"齐国人"看到，在你没有想要分享的情况下，就分走你的零食，然后连句谢谢也不说，好像你的零食就应该分给他似的。再比如，你在操场上玩球，"齐国人"突然跑过来抢走你的球，还觉得这是他的权利。

还有一些"齐国人"光明正大地用盗版，比如买盗版书、假包、假鞋等，由于原创者维权难，通常不会对此行为做出什么反应，于是"齐国人"认为"我没有钱购买正版，所以我看盗版是合理的"。

但是请同学们仔细思考一下，假设在考场上，你的同学抄了你的答案，取得了好成绩。老师觉得该同学成绩进步斐然，给予他奖励。他还被家长和同学认为是差生"逆袭"的榜样。这个时候，你不会生

气吗？毕竟你知道该同学并没有付出努力。而原本努力学习的你，却被大家忽视，没有得到任何夸奖和好处。

如果我们对"齐国人"的行为总是忍让，就等于放弃了维护自己的权利。所以，我们要学会拒绝"齐国人"。比如，当"齐国人"擅自拿走你的零食时，你可以大声告诉他："这是我的零食，你可以问我能不能分给你，但不能随便拿！"当"齐国人"抢走你的球时，你可以坚定地说："这是我的球，请还给我！"

记住，保护自己的权利很重要，同时也要尊重别人的权利。这样，我们才能让生活变得更公平、更有秩序。

想一想

你的生活中有"齐国人"吗？你是怎么应对这类人的？

薛谭学讴

释义 薛谭向秦青学唱歌，未学完技艺便自满告辞，后被秦青歌声震撼，道歉并继续学习，终悟学无止境。寓意学习应虚心、持之以恒，不可骄傲自满。

出处 《列子·汤问》

近义词 学海无涯·戒骄戒躁

反义词 不学无术·骄傲自大

很多年前，有一个非常喜欢唱歌的人，他的名字叫薛谭。

这一天，他坐在家里的窗边，咿咿呀呀地唱起自己编的一首曲子来。他的歌声清脆悦耳，路过的人都情不自禁地停下脚步，在屋外认真听起歌来。

"唱得真好！"

"真不错！很有唱歌的天赋啊！"

一首歌唱完，人们交头接耳地夸赞起来。

听着大家的夸奖，薛谭心里乐开了花。他谦虚地对大家拱手说："谢谢大家，我还有很多需要学习的地方呢！"

听到这话，人群中有一个人好心地说道："你可以去拜秦青为老师，他是全国唱歌唱得最好的人。"

薛谭听了不太高兴，但还是笑着对这个人说："谢谢你的建议。"

等众人都离开后，薛谭这才四处打听起秦青来。一提起秦青，大家都赞不绝口："秦青可以说是人间歌神了！"

他心里不太服气，问清楚秦青的住处后，收拾好行李就去拜师了。

秦青可不知道这些，他见薛谭是个喜欢唱歌又十分有音乐天赋的年轻人，当时就同意了对方的拜师请求。

每天早晨，秦青都耐心地教薛谭练声，练习节奏，还教他如何在唱歌的时候投入感情。

时间就这样慢慢过去了。看着薛谭一天天进步，秦青心里很高兴："照这样练下去，他肯定能成为一位比我更出色的歌唱家！"

而薛谭却在心里想：看来我已经把师父的本领都学会了，他再也没有别的东西可以教我了。

这一天，薛谭向秦青告辞，说："感谢师父教导我，我也是时候回家了。"

秦青心里"咯噔"一声，他有些失望地摇了摇头，也没说什么挽留的话。到了薛谭临走那天，秦青在郊外摆了酒桌为他送行。

"你马上就要离开了，就让师父最后给你唱一首歌吧！"说完，秦青打着拍子，自顾自地唱起来。

他的歌声一会儿慷慨悲壮，一会儿婉转悠扬。薛谭听得入了迷，他感觉自己跟着这歌声变成了一只鸟，一朵云，在空中安安静静地伫立着。

这时候，薛谭才意识到自己唱得比老师差远了。他惭愧地低下头，对秦青说："老师，就让我继续跟着您学习吧！"

真好听啊！

学习要抱有谦虚心态

　　故事中，薛谭骄傲自满的心态会出现在我们每个人身上。比如刚学会骑自行车，就上马路横冲直撞，直到狠狠摔倒才发现自己太过自信；比如学会做一道题，就认为"拿捏"了此类题型，不再花时间做题，直到再次做错才发现自己没有真正掌握；比如学习打架子鼓，刚入了门，就认为它很简单，自己可以轻松演奏各种曲目，直到在众人前表演时出了糗。

　　其实，出现自满心态并不是什么大问题，重点在于及时意识到自己的心态出现了问题，并要懂得倾听、吸取别人的意见，及时在自满

心态上"刹车"，让自己回归到正轨上。比如，薛谭一开始是看不上秦青的，但他还是去找秦青学习唱歌；在"学有所成"之后，薛谭开始骄傲自满，而秦青展示了比他高超的歌声之后，他又立马调整自己的心态，变得谦虚，继续跟着秦青学唱歌。在任何事情上，如果同学们都能学习薛谭这种勇于认错、知错就改的精神，相信都会有所成就的。

我们也要明白学习需要摒除心浮气躁、急于求成的毛病，不要期待短期内就能得到惊人效果。学习是一个持之以恒投入的过程，"书山有路勤为径，学海无涯苦作舟"，勤快才是学习路上的最佳捷径，刻苦是渡过学习这片海的船。

想一想

回想一下，你曾在什么时候产生过自满的心态？你认为要调整心态，需要做出哪些行动呢？

朝三暮四

宋国有一个养猴的老人，他非常喜欢猴子。他的家里养了一群猴子，还为猴子打造了一片猴林。

这片猴林真是气派！猴子喜欢爬的树、林间假石、溪水……应有尽有，像是一座小森林。

家里人都不理解，他的妻子也和他抱怨："你把钱都用来给猴子修房

屋了，咱们自己的房子什么时候能修得大一些呀？"

老人满不在乎地笑了笑，对家人说："咱们家现在有吃有喝，生活不是挺好的嘛！我特意给猴子们弄一个园子，也是希望它们能像在树林时那样快活呀！"

"养猴子有什么用？猴子能听懂你说话吗？能陪你聊天吗？"妻子赌气地朝猴子丢了一块石头。

"哎……怎么还动起手来了？"老人不满地说。

此时，这些引起家庭矛盾的猴子们站在老人身后，仿佛随时准备进攻似的。

见状，老人对猴子们说："你们的女主人生气了，还不快给她磕个头，让她给你们赏口饭吃？"听了老人的话，猴子们像做错事的孩子，纷纷跪在地上给他的妻子磕头作揖起来。

> **作揖**
>
> 　　两手抱拳高拱，身子略弯，表示恭敬。

妻子"扑哧"一声，被听话的猴子逗笑了。从那以后，哪怕老人为了满足猴子的需求，减少了家里人的食物，妻子也睁一只眼闭一只眼过去了。

没过多久，家里的粮食越来越少，人常常吃不饱。猴子的食物也越来越少，老人再也无法像往常那样喂猴子了。

"哎，要是突然减少了食物，猴子们还不得闹起来？"老人忧心忡忡地嘀咕着。

他沉思了一会儿，终于想出一个办法。这天，老人提着篮子来到猴林旁。他对猴子们叹了一口气，无奈地说："今年天大旱，粮食收得少。以后每天饭后再给你们一些果子，早上给你们三颗果子，晚上给四颗吧！"

一听这话，猴子们一下子都站了起来。它们龇牙咧嘴地冲着老人大喊大叫，仿佛在说："不行，不行！"

这早就在老人的预料之中，他摊摊手，又说道："那这样吧，每天早上给你们四颗，晚上三颗！"

猴子们终于满意了，都趴在石头上，安安心心地等待老人喂食。

傻猴子……

四比三多，不错！

如何高效地与人沟通

故事中，宋国老人只是将"早上给三颗果子，晚上给四颗果子"的说法换成了"早上给四颗果子，晚上给三颗果子"，就让原本龇牙咧嘴的猴子变得心满意足。其实果子总数没变，但为什么猴子的反应截然不同呢？这就涉及沟通的艺术了。

表达要清晰。养猴人一开始就解释了为什么改变果子的分配。在与人交流时，我们要确保自己的意思表达清楚，避免因为模糊不清而产生误会。比如，和朋友分享计划时，要说清楚时间、地点和具体要做的事情。

理解对方的感受。猴子们在乎的是果子数量变化带来的心理感受，而不是总量。这说明，沟通时要多站在对方的角度思考，理解他们的需求和担忧。比如，和同学讨论作业时，试着体会对方是不是因为作业难而焦虑，然后给予鼓励或帮助。

灵活运用语言。养猴人通过调整说法，虽然实质没变，但改变了猴子的态度。这说明，恰当的措辞和表达方式能大大改善沟通效果。当我们想表达一个可能让人不悦的消息时，可以尝试用更积极、乐观的方式去呈现，减少对方的抵触情绪。

保持诚实和一致性。虽然故事中的养猴人最终达到了目的，但他的做法并不值得提倡，因为他利用了猴子认知上的局限达到自己的目的。诚实和言行一致是建立良好人际关系的关键。在沟通中，我们要勇于承认错误，说到做到，这样才能赢得他人的信任和尊重。

《朝三暮四》的故事提醒我们，有效的沟通不仅仅是传递信息，更是理解对方、尊重对方感受，并用恰当的方式表达自己的想法。

想一想

你平时是如何与人沟通的？发生冲突时，是如何化解与对方的矛盾的？

《韩非子》篇

郑人买履

释义 讲述了一个郑国人因过于依赖事先量好的尺码，而忘记带尺码到集市，最终导致没有买到鞋子的故事。

出　处 《韩非子·外储说左上》

近义词 生搬硬套·墨守成规

反义词 因地制宜·随机应变

战国时期，郑国有一个十分崇拜书本的人。只要是书上写的，他都认为是正确的。

有一天，这个郑国人刚领到了工钱。他看了看自己脚上破了一个小洞的布鞋，嘀咕着："老伙计，看来你该休息了。"

他欢欢喜喜地回家找了一小段绳子，用绳子比着自己的脚，量好脚的尺寸，然后急匆匆地出门了。

"我得走快点儿，不然好看又耐穿的鞋子就被别人挑走了。"这个人在心里默默地想。

到了集市，他直奔卖鞋的店铺，连额头上的汗水都来不及擦，就赶忙招手对老板说："把你们这儿最好的鞋都拿出来给我看看！"

老板一听，高兴极了："好嘞！您稍等。"

样式最新的鞋子都摆在这个郑国人面前了。他左挑挑，右选选，一会儿觉得这双颜色不好看，一会儿又觉得那双不耐脏。

过了好一会儿，这个人终于选中了一双满意的鞋子。

"这双正合我的心意！"他心满意足地摸着鞋子，准备掏出小绳，用事先量好的尺码来比一比新鞋的大小。

谁知道，他将衣服兜翻了个底朝天也没找到绳子。

见状，卖鞋的老板有点儿不耐烦地问："你到底要不要买鞋呀？"

郑国人连忙对鞋铺的老板说："对不起。瞧我这记性，在家量好了鞋的尺码却忘记带了，我得回家取了尺码才能买鞋。"

说着，他放下鞋，转身就往家里跑。

眼看天色越来越晚了，他用了最快的速度回到家，拿了小绳后又急急忙忙地赶往集市。

等他赶到的时候，集市已经散了，鞋铺也关门了。郑国人累得气喘吁（xū）吁，一下子跌坐在地上："哎，都怪我忘带了绳子，鞋子没买成！"

他垂头丧气地回到家。邻居见了，关心地问："发生什么事了？你怎么看起来不高兴？"

郑国人把买鞋的经过一五一十地给邻居说了一遍。邻居听了觉得很奇怪："你为什么非要回家取绳子呢？买鞋的时候可以用脚去穿一下，试试鞋子合不合适呀！"

他十分严肃地回答："那可不行！量出来的尺码才可靠，我不相信我的脚，只相信量好的尺码！"

一五一十

比喻讲述时从头到尾，原原本本，没有遗漏。

不要墨守成规，懂得灵活变通

郑国人去市场买鞋子，由于忘了带脚的尺码而空手回家。明明他可以当场用脚试一下鞋子的大小。这种事情听起来很荒谬，但在生活中经常上演。

想象一下，如果科学家们都墨守成规，不接受新的理论，那么我们现在可能还生活在黑暗和混沌之中。正是因为他们敢于挑战传统，勇于探索未知，才有了今天的科技文明。同样，在我们的学习中也是如此。如果我们总是按照固定的方法去学习，不去尝试新的学习方式，那么我们的进步可能会变得缓慢。比如，有些同学可能更喜欢通过阅读来学习，而有些同学则更喜欢通过实验或讨论来学习。只有找到适合自己的学习方法，我们才能事半功倍。

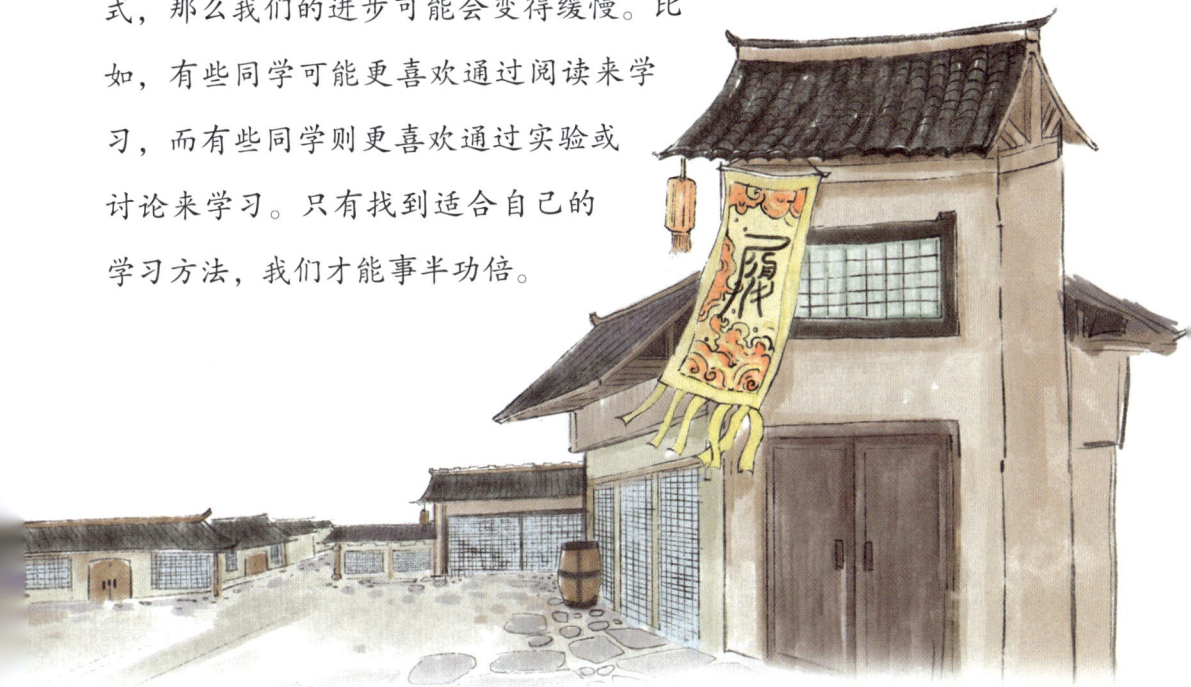

除此之外，我们也要注意做事不要本末倒置，忽略了最初的目标与本意。就像那个郑国人，他原本的目的是去市场买鞋，这本是他所有行动的出发点和落脚点。然而，在过程中，他却因为过分拘泥于自己既定的尺码，而忘记了买鞋这一根本目的。其实，只要能达到买鞋、穿上合适鞋子的最终目的，用何种方式去量尺码、选鞋子，又有什么关系呢？我们应当灵活变通，时刻牢记初心，不让细枝末节影响大局。

想一想

假设郑国人拿着尺码去买鞋了，却发现该尺码的鞋子并不符合他的脚的大小。这种情况，你认为体现了什么道理呢？

自相矛盾

释义 故事讲述了一个楚国人卖矛和盾，夸耀矛无坚不摧、盾坚不可摧，却被问得哑口无言。

出　处 《韩非子·难一》

近义词 格格不入·漏洞百出

反义词 并行不悖·天衣无缝

战国时期，有一个以制作兵器、变卖兵器为生的楚国人。为了把自己的兵器卖出去，他经常吹捧自己的兵器是独一无二的。

有一天，这个楚国人带着他的兵器来到了国都的集市上。集市上人来人

往，非常热闹。他二话不说，摆好兵器，就举着大锣好一阵敲。周围的人都被吸引来了，围着他的兵器左看右看，还不时地摸一下。

楚国人看到这么多人都来看他的兵器，手上的锣敲得更卖力，嘴里吆喝道："瞧一瞧，看一看，超级厉害的兵器！"

有的人说："这些兵器看起来确实很不错！"

"当然不错啦！你们瞧瞧这矛！"楚国人说着，一把将他的矛高高举起。

"嘿！这件兵器看起来可真长呀！"有人惊叹道。

"我这兵器可不仅仅是长，你们仔细瞧瞧这矛头，是不是锋利无比？它永远不会变形，也永远不会褪色，因为这是我祖先反复捶打，反复冶炼，经过整整三年打造而成的。天底下的东西，就没有它刺不破的。"

周围人见他说得信誓旦旦，想要买下这件兵器。

"老板，这兵器真有你说得这么厉害？"有人开口问。

"当然啦！我这矛若称第二，就没有别的矛敢称第一。"

"那这世界第一的矛，若是被我们买了回去，出了点儿什么差错，如何抵挡它呀？"那人又问。

"问得好！这好办呀，你们快瞧瞧我的这件兵器。"说着，他举起了他的盾，吹嘘道："你们看，我这盾呀，也是我祖先日夜打造的宝贝，可以说是天下第一坚固，没有什么东西可以刺穿它。"

"老板，你说这两样兵器都是天下第一，那我就觉得很疑惑了，还请老板解答。"那人指着楚国人手中的矛和盾说。

"兄弟，你尽管问！"

"如果用你这天下第一的矛去刺这天下第一的盾，到底能不能刺穿呢？"

楚国人低着头想了很久，直到脸憋得通红，也不知如何回答。围观的人一齐大笑起来，随后便散开了。

这下，没人要买他的兵器了，只剩他一个人，呆愣愣地站在原地。

做人要实事求是

　　楚国人为了卖掉自己的产品，将自己的矛吹嘘成了世界上最锋利的矛，将盾吹嘘成了世界上最坚固的盾。大家很快就发现了他话语里的漏洞，如果矛是最锋利的，那么盾就不可能是最坚固的；反之亦然。因此楚国人不仅没把东西卖出去，还成了笑柄。

　　在生活中，我们常常会遇到一些自相矛盾的事情。比如，有的同学说自己很爱干净，却总是把垃圾随手乱丢；有的同学说要好好学

习，结果一放学就只想打游戏；还有的同学说要少吃零食，可每天还是忍不住买很多糖果和薯片。其实，这种说一套做一套的行为，不仅骗不了别人，还会让自己失去别人的信任。比如，如果你总是说"明天一定写作业"，却每次都拖延，老师和同学可能就不再相信你的话了。更重要的是，欺骗自己会让你原地踏步，无法进步。比如，如果你总是说"我要练好篮球"，却从不练习，那你的球技永远都不会提高。

同时，我们也要懂得分辨出他人行动里的矛盾，提高自己的警惕心。比如现今常见的网络诈骗，正是因为当事人没有及时发现诈骗分子话里的矛盾，因而上当受骗，蒙受巨额损失。

想一想

如果有个同学跟你说他想买某款东西，但眼下没有钱，需要你帮忙支付，你会帮忙吗？你会如何分辨他说的话是否属实呢？

讳疾忌医

释义 隐瞒疾病，害怕医治。比喻掩饰自己的缺点错误，不愿接受批评帮助。

出处 《韩非子·喻老》

近义词 文过饰非

反义词 闻过则喜·激浊扬清

扁鹊是战国时期的名医，他不仅医术高超，还非常乐于助人。

有一次，扁鹊在路上遇到一户人家死了人。奇怪的是，尸体的脸看起来和活着的时候没什么差别。

扁鹊详细地查看了尸体，问清临死前病人的症状，然后对这家人说："他还没有死呢，我可以把他救活。"

扁鹊用细长的针在病人身上扎了几下，又给病人灌下药。过了一会儿，本已死去的病人竟然活了过来。

扁鹊能让人起死回生的消息很快传遍了全城，大家都说他是百年难遇的神医。

没过多久，这个消息传到蔡桓（huán）公的耳朵里。他不相信世界上有这么高明的医术，便对侍从吩咐道："把扁鹊找来，我想见见他。"

听到国君要召见自己，扁鹊又惊又喜，他忐忑地跟着侍从一路来到蔡桓公面前。一见到蔡桓公，扁鹊就敏锐地发现这位国君脸色不太好。

"大王，您病了。"扁鹊小心翼翼地说，"现在病只是在皮肤之间，要是不赶快医治的话，病情会越来越严重的。"

蔡桓公满不在乎地摆摆手，说："我身体好着呢！"

扁鹊走后，他嘲讽地对侍从说："都说扁鹊是神医，也不过如此呀！这些医生总是喜欢说别人有病，这样才好展示自己的本领呢！"

过了十天，扁鹊提着药箱再次来到王宫见蔡桓公。这一次，他发现蔡桓公的病已经发展到肌肉里了。要是不医治的话，还会加重。不过，蔡桓公根本不听他的话，还生气地把他赶走了。

过了十天，扁鹊又去见蔡桓公，他忧虑地对蔡桓公说："您的病已经蔓延到肠胃里去了，再不医治，生命就会有危险呀！"

蔡桓公气得脸都青了，仍然不肯让扁鹊给自己看病。扁鹊只得叹着气，摇着头离开了。

又过了十天，扁鹊第四次来见蔡桓公。这一次，他什么话都没说，见到蔡桓公转身就走了。

蔡桓公觉得奇怪，连忙派人把他追回来："你见了我怎么话都没说就走了呢？"

扁鹊心痛地说："大王的病现在已经深入骨髓，想医治都没办法了。"

病入膏肓，无药可救了……

但蔡桓公还是不相信扁鹊说的话。没想到五天后，蔡桓公浑身疼痛难忍，一病不起了。他赶忙派人找扁鹊来给自己治病，但扁鹊知道蔡桓公的病无药可医，早已经逃到秦国去了。没多久，蔡桓公就病死了。

勇于面对自己的问题

　　故事中的蔡桓公因为不肯相信名医扁鹊说他有病而拒绝治疗，最终导致自己病亡。这个案例虽然比较极端，但我们都很清楚，已经发生的问题不会因为选择无视就能消失不见，它会日渐积累成一个更大的问题，直到你不得不去面对。而到了那个时候，再想去挽救，就会付出更大的代价。比如轻微蛀牙只是一个小问题，很容易就能治疗，但长久拖着不治可能会导致牙齿坏死，最终则要花费大量金钱来治疗。

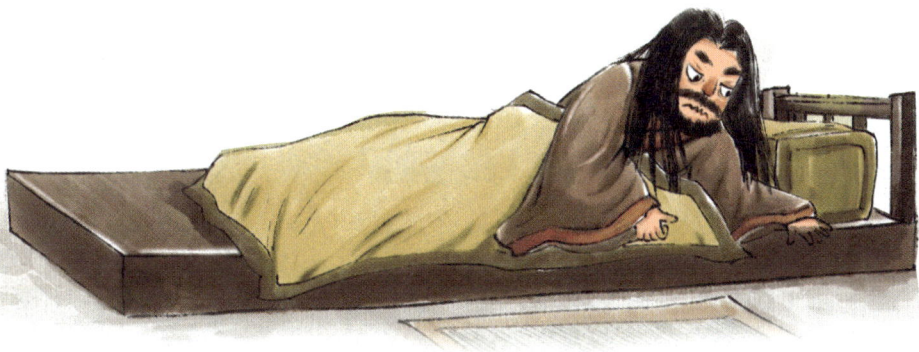

　　生活中也有很多我们害怕面对自己的问题的案例。比如学习成绩不理想，很多同学说起学习就一个脑袋两个大，会用"我本来就不聪明""我真的尽力了""是我这次发挥失常"等各种借口来安慰自己，而拒绝去寻找解决问题的办法。学习是一件辛苦而艰难的事情，下意识想要逃避是很正常的，但如果因为害怕学习就不去学习，只会让学习这个难题永远在进步的道路上妨碍自己，从而给自己造成更大的损失。

很多问题总是尖锐的、令人难受的，如果一时之间不能接受，可以给自己一个缓冲的过程，慢慢去接受它。希望同学们能直面难题，勇于挑战自己，超越自己，成为更好的自己。

想一想

在生活中，你遇到过类似于讳疾忌医的例子吗？下次再遇到的话，你将会怎么做呢？

智子疑邻

释义 在主人公看来，儿子是非常机智的，邻居的老人是非常值得怀疑的。这个故事告诉我们听意见只应听取正确的，而不要看这意见是什么人提出的，对人不能持偏见。

出 处 《韩非子·说难》

近义词 疑神疑鬼

反义词 深信不疑

春秋战国时期，宋国有一个拥有无数金银财宝的富人。这个富人不住在繁华热闹的城里，偏偏住在郊外。

有一天中午，突然狂风大作，大雨遮天盖地倾泻而下。雨水顺着屋檐哗哗地流着。

"这糟糕的天气，哪儿也去不了了。"富人看着屋外的大雨，不满地嘟囔着。

大雨下了一天一夜，把所有人都困在屋子里了，直到第二天早晨，雨才停下。

太阳出来了，温暖的阳光照耀着刚被雨水洗刷干净的万物。人们终于可以走出家门透透气了。

"这大雨下得可真够久的。"

"谁说不是呢，雨水把我家的屋顶都打坏了，又得忙活修屋顶咯！"

邻居们你一句我一句，诉说着大雨带来的新鲜事。

富人和他的儿子也走出家门，想加入大家的聊天，又不知道该如何开口，只得假装检查房子，绕着自己家的围墙走一圈。

不看不知道，狂风和大雨把他家的一面墙都弄塌了。

富人看了看，摸着胡子感叹道："雨可真大呀！"他再没说别的什么，就这样走开了。

富人的儿子连忙拉住他："父亲，咱们家的墙都塌了。墙这么低，小偷很轻松就能溜进家里偷东西了。我们赶紧把墙修好吧！"

富人满不在乎地摆摆手说："别担心，没必要修墙，不会有小偷的。"

这时候，他邻居的老人刚好路过。听到父子的对话，这个好心的老人劝道："还是把墙修好，这样安全些！"

老人的话让富人很不高兴，他不耐烦地说："我们家的事不用你管。"

夜幕降临，一个四处游荡的小偷正好看到这面倒塌的墙。他蹑手蹑脚地溜进富人家里，偷了满满一口袋的财宝，又顺着倒塌的矮墙逃走了。

第二天，富人发现家里被盗了，可小偷早就跑得无影无踪了。

蹑手蹑脚

形容行动时轻手轻脚不出声的样子。

他懊悔地跌坐在地上痛哭道："儿啊，你真聪明，预料得真准，早知如此，就听你的话了。"

紧接着，他咬牙切齿地咒骂着："一定是邻居老人干的，这个坏家伙昨天还劝我把墙补好呢！"

不要戴着"有色眼镜"看人

宋国这个富商可真是个奇怪的人，儿子和邻居都提醒过他墙塌了会招来小偷，然而东西丢了后，他夸儿子聪明，却怀疑小偷是邻居。从宋国富商的角度来看，他的怀疑是有一定道理的，因为他儿子和他是一家人，偷他东西的概率很小；而邻居是外人，可能更眼红他的财富。但其实仔细一想，他的想法是带了先入为主的偏见。

这种"智子疑邻"式的思维，往往源于我们内心的偏见和不安全感。在生活中，我们也会因为对方的外貌、性格、身份等因素，戴上"有色眼镜"去评判他人的言行。比如，看到穿着时尚的同学，就觉得他们可能贪玩不学习；看到班里调皮捣蛋的孩子做好事，就怀疑他们另有目的。

当我们跳出这种狭隘的思维模式，就会发现，每个人都应该被客观公正地对待。我们不能主观臆断他人的动机，而应该依据事实进行理性的分析。就像面对同学的帮助，我们要心怀感恩，而不是无端猜疑；看到他人的改变和进步，要给予鼓励和认可，而非固执地坚守旧有的看法。

我们在给他人提意见的时候，也要考虑场合和身份。切忌一股脑儿说出自己的想法，而是要综合考量之后，再提出适当确切的意见，这样对于当事人也会更有帮助。

想一想

你有区别对待过他人吗？你有遭遇过区别对待吗？你觉得如果要做到客观，应该避免哪些问题？

买椟还珠

释义 买下盒子，退还珍珠。比喻没有眼力，取舍不当。

出　处 《韩非子·外储说左上》

近义词 舍本逐末·本末倒置

反义词 去粗取精·主次分明

在春秋时期，有位来自楚国的商人，他得到了一颗无比美丽的珍珠。

怎样才能让珍珠卖得贵一点儿呢？楚国人捧着珍珠，看了又看，那珍珠闪闪亮亮的，如同月亮一样光彩夺目。他心想：不如我给珠宝做一个漂亮的盒子，这样珠宝一定能卖个好价格。

做什么样的盒子好呢？楚国人想了又想，决定用最名贵的材料做出最精致的盒子。

他先是找来珍贵的木兰，又请了手艺高超的木匠师傅。只见木匠师傅在盒子外面雕刻了漂亮的花纹，还用青铜包住盒子的四个角。楚国人嫌盒子不够气派，又用珠宝和宝玉点缀，还给木盒子挂上了美丽的玉佩，最后把木盒用香料熏了一遍。

楚国人捧着精美的盒子，满意地把珍珠放了进去。他望着闪闪发亮的木盒子，闻着木盒散发的悠悠香味，心想：这下，我的珍珠一定能卖个好价钱。

做好一切后，他欣喜地赶到郑国的集市上，吆喝起来。

"卖珠宝喽！独一无二的珠宝盒里装着闪闪发亮的大珍珠！快来买喽！"

不一会儿就有许多人围着楚国人的摊位，他们望着楚国人的珠宝盒，不由得赞叹道："这盒子可真漂亮啊！"

一位郑国人也被精致的盒子给吸引了，他小心翼翼地拿起木盒子，看了又看，满意地说："这盒子是我见过的最好看的盒子了！"

"怎么样？满意吗？"楚国人问。

"当然当然，这个我买了！"郑国人盯着盒子头也不抬地说。

随后郑国人连价格都不问就把钱付了。他一边抚摸盒子的花纹，一边感叹道："这盒子可真精美啊！"

楚国人收下钱，心里乐开了花。他将自己的珠宝卖了个好价格，心想看来每样珠宝都得做一个盒子了。正当他准备回去给别的珠宝做包装盒时，那位郑国人却又回到了他的摊位上。只见郑国人打开盒子，拿出珍珠递给楚国人说："老板，你的珍珠落在了盒子里。我是来还珍珠的！"

"不对啊！这颗珍珠不是被你买了吗？就是你的了啊！"楚国人急忙说。

"我买的是盒子，可不是什么珍珠！"郑国人说着把盒子捧在怀里，"这珍珠可没盒子精致！"

楚国人拿着被退回的珍珠，心里五味杂陈，要知道他卖的是珍珠啊，可是别人看中的却是盒子，这不是闹笑话吗？看来自己不适合卖珠宝更适合卖木盒子呢！

五味杂陈

指各种味道混杂在一起，形容感受复杂而说不清楚。

买椟还珠对不对？

楚国人为了卖出去珍珠，为珍珠做了一个非常精美的盒子，郑国人却一眼看中了装珍珠的盒子，花高价将盒子买走，把珍珠还给了楚国人。这个故事引发了人们对于外表与内在价值的思考。今天就让我们展开一场精彩的辩论，看看买椟还珠到底对不对。

正方观点：买椟还珠有其合理之处

首先，每个人都有自己的喜好和审美。比如，有的同学喜欢收集漂亮的贴纸，虽然它们不能用来写字，但看到这些贴纸就会让人心情愉快。其次，这个故事告诉我们，选择自己喜欢的东西很重要。生活中，我们不必总是追求"有用"，有时候，选择让自己开心的东西，也是一种对生活的热爱。最后，"买椟还珠"也可以看作是对美的一种追求。比如，有的同学喜欢用漂亮的文具，虽然它们和普通文具的功能一样，但用起来会让人更开心。这种对美的追求，是超越物质价值的，它让我们的生活变得更加丰富多彩。

反方观点：买椟还珠是舍本逐末

反方持相反观点，认为买椟还珠是一种舍本逐末的行为。珍珠是匣子的核心，是真正的价值所在，而匣子只是外在的包装。如果只看重外表而忽视了内在的价值，那么就会失去真正重要的东西。此外，这种行为还可能导致资源的浪费。买下了匣子却退还了珍珠，既浪费了金钱，又可能让珍珠失去找到真正珍惜它的人的机会。因此，我们应该学会分辨和珍惜真正的价值，而不是被表面的华丽所迷惑。

经过正反两方的激烈辩论，我们可以看到，"买椟还珠"这一行为并非绝对的对或错，而是取决于个人的价值观和追求。在生活中，我们应该学会平衡外表与内在的关系，既要欣赏外表的美，更要珍视内在的价值。同时，也要培养自己的辨别能力，不被表面的光鲜所迷惑，真正找到并珍惜那些对我们有真正意义和价值的事物。

想一想

如今市面上售卖的月饼礼盒十分精美，你认为月饼的包装盒值得做得这么精致吗？商家为什么要做得这么精美呢？

老马识途

指老马认识走过的道路，比喻有经验的人对事情更为熟悉。

出　处　《韩非子·说林上》

近义词　轻车熟路

反义词　乳臭（xiù）未干

齐桓公是春秋时期齐国一位贤明的国君，他有两位十分信任的大臣——右相管仲和大夫隰（xí）朋。管仲和隰朋都是十分有才能的人，齐桓公无论走到哪儿都带着他们。

有一次，燕国的国君派使者请求齐桓公出兵和他一起攻打孤竹国。齐桓公同意了燕王的请求，他对管仲和隰朋说："你们俩也跟着去吧，这样打起仗来我更安心。"

温暖的春天到了，齐桓公召集将士，信心满满地说："现在天气暖和，适合打仗。我们速战速决，争取尽快回家。"

他整顿军队，意气风发地率领士兵前往孤竹国。

没想到，孤竹国的军队比想象中的更顽强。炎热的夏天过去了，清爽的秋天也过去了，直到寒冷的冬天来临，齐国的军队才把孤竹国攻打下来。

大雪纷飞，到处都是一片白茫茫。齐桓公见自己的士兵个个疲惫不堪，冻得瑟瑟发抖，心里开始担忧起来："唉，这一仗两败俱伤呀！"

疲惫的齐国将士们终于可以回去了，他们缓缓地在雪地里前进着，一天……两天……三天……

"这里我们前几天不是才来过吗？"

"怎么又绕回来了？"

士兵们焦急地议论起来。

大雪让他们迷失了方向，走了一圈又一圈，他们总是在原地打转儿。原本就疲惫的士兵们更是累得不行，都不愿意再继续前进了。

齐桓公心急如焚，对管仲和隰朋说："你们快出出主意吧，我们怎么才能走出这片雪地呀？"

心急如焚

心里急得像火烧的一样。形容非常着急。

管仲皱着眉头，心想：我也不认识路呀！

他的目光在军队里来回巡视着，忽然，他看到几匹被拴在树上的老马，顿时有了主意。

"最好的引路人就在我们军中！"管仲指了指老马说，"把缰绳解开，让老马给我们带路吧！"

缰绳被解开后，老马左嗅嗅，右嗅嗅，不一会儿就自己走在队伍前面带起路来。在老马的带领下，他们很快走出了雪地。

大家都夸赞道："还是老马认路的本领强呀！"

后来，走到深山中的齐国军队没有水喝了。这回，隰朋出了个主意："找到蚂蚁窝，我们就能找到水源了！"

原来，蚂蚁夏天居住在山的阴凉面，冬天居住在山的向阳面。如果蚂蚁洞口的积土有一寸高的话，在这里向下挖一定能找到水。

按照这样的办法，他们很快找到了水源。

学会向"老师"请教

老马成功带领迷路的齐桓公和众士兵走出了雪地，由此可见经验是多么重要。在生活中，我们常常会遇到一些难题，这个时候请教有相关经验的人，就能避免重复前人犯过的错误，省下大量的摸索时间，免做无用功。

不管在何种情况下，只要是拥有自己所没有的经验的人，都能算作是老师。在学习上遇到了困难，我们可以大胆向老师请教。如果老师没有足够的时间，也可以向学习好的同学请教。或者跟同学们组成学习互助小组，大家将各自擅长的部分教授给对方，共同进步成长。

除了学习前人的经验，我们还要懂得总结解决经验，以免以后遇到类似难题而手足无措。解决问题的时候，我们也要善于观察，比如管仲知道老马记得回家的路，隰朋知道跟着蚂蚁走可以找到水源，这都是他们平日里善于观察的结果。

这个故事也告诉我们，不要轻视任何人和事，虽然老马和蚂蚁是比人类低等的动物，却拥有人类所没有的智慧。如果对一切保持谦虚好学的心态，那么即使遇到再大的难题也能够成功解决。

想一想

你知道老马为何可以识途吗？好奇的话就查一查吧！其中蕴含很深的科学道理哦。

守株待兔

释义 比喻死守经验，不知变通，亦用以讽刺妄想不劳而获的侥幸心理。

出　处 《韩非子·五蠹》

近义词 坐享其成·墨守成规

反义词 随机应变·标新立异

热辣辣的太阳照射在农民的头顶上，地里的庄稼都恹恹的。他正在帮助庄稼除草，一番劳作下来，身上的衣服都被汗浸湿了。

农民四处张望了下，发现农田旁边有一根树桩，于是，他放下手里的活，靠在树桩旁边休息。

一阵风吹来，周围的树叶沙沙作响。周围的环境太舒服了，农民干脆放下手中的锄头，靠在树桩上打起盹儿来。

等他一觉醒来，发现已经是下午了。

这时，有一只兔子从旁边的田野中蹿了出来。农民的眼睛"唰"地亮了起来，他紧紧地盯着这个小家伙。

"今天运气真好！"他做好朝兔子扑过去的准备。

兔子被他吓到了，只听"咚"的一声，竟然一头撞到树桩上，晕了过去。

"哈哈，白捡了一只肥美的大兔子！"他惊喜地拎起兔子的耳朵，拿着锄头回家去了。

妻子见到农民拎了一只兔子回来，觉得很奇怪："你不是到田里除草去了吗，怎么提着一只兔子回来了？"

这个农民大笑着说："这是上天送给我的兔子，它自己撞晕在我脚边！"

"那田里的草除完了吗？"妻子继续问道。

"还除草干什么呀？"农民十分不耐烦地说，"以后每天我就在树下睡觉，一天捡一只兔子回来，难道不比种庄稼划算？吃不完的兔子肉还能拿去换钱呢！"

妻子听了十分生气："你怎么能确保每天都能有这么好的运气呢？别白日

做梦了，踏踏实实干活吧！"

农民根本不听妻子的劝告。从那以后，他每天都跑到大树底下去睡觉，再也不愿意辛苦种地了。

但是，他再也没有捡到过兔子，他的田地也长满了杂草，种的庄稼都死掉了。

侥幸心理可取吗？

前文中的庄稼人本来很勤奋，直到有一天他白得一只撞死在树桩上的兔子，他觉得不用努力也能吃饱，便再也不愿意老老实实干活，而是决定每天守在树桩前，等待撞死在树桩上的兔子。想象一下，如果我们是那个农夫，这个概率肯定不亚于中了彩票吧。但问题的关键在于，我们该如何看待这样的"奇遇"？是把它当作生活中的大概率事件，还是仅仅看作一个偶然的小插曲？

其实很多人抱有这样的侥幸心理。如果平时怠于学习，只在考前

突击复习一下，指望凭此能大幅度提高成绩，这种侥幸心理也是不可取的。因为学习是积累的过程，耕耘才有收获，就像农夫种庄稼，需要播种、浇水、施肥、除草，每一个环节都不可或缺。我们能把握的只有眼前，只要做好自己本分的事情，脚踏实地前进，便能得到自己付出努力的那部分成果。

不过，不是每件事情都像"兔子撞死在树桩是偶然事件"这么明确，所以我们也要注意避免把偶然事件当作必然事件。比如有人做一次生意赚到了钱，便认为次次都能赚到钱，因此立马投资开店，在经验不足的情况下很快就失败了。我们应该警惕，别被表面现象迷惑，先去分析事物的本质，再下判断更好。

想一想

如果你是宋国人，你捡到了撞死在树桩的兔子，你会怎么做呢？

《战国策》篇

惊弓之鸟

释义 被弓箭吓怕了的鸟。比喻受过惊吓的人遇到类似的情况就惊恐不安。

出　处 《战国策·楚策》

近义词 心有余悸（jì）·惊弦之鸟

反义词 初生牛犊

战国时期，魏国有一位叫更羸（léi）的弓箭手，他的箭法精湛绝伦。

这一天，更羸陪着魏王到郊外打猎。一只野兔从眼前跑过，只见更羸快速拿起弓箭，"嗖"的一声一下子射中了野兔。

只要是更羸看到的猎物，没有一个能躲过他射出的箭。打了一会儿猎后，魏王对更羸说："论射箭我比不上你，这样太没意思了。我们还是散散步吧！"

他们从树林中出来，牵着马慢悠悠地走在寂静的平原上。一眼望去，远方有袅（niǎo）袅炊烟正徐徐升起。

已经是黄昏时刻了，太阳的柔光轻轻洒在草地上，像是给青草披上了一层金黄的外纱。

魏王眯着眼睛，感叹道："空气真好呀！这才是生活。"

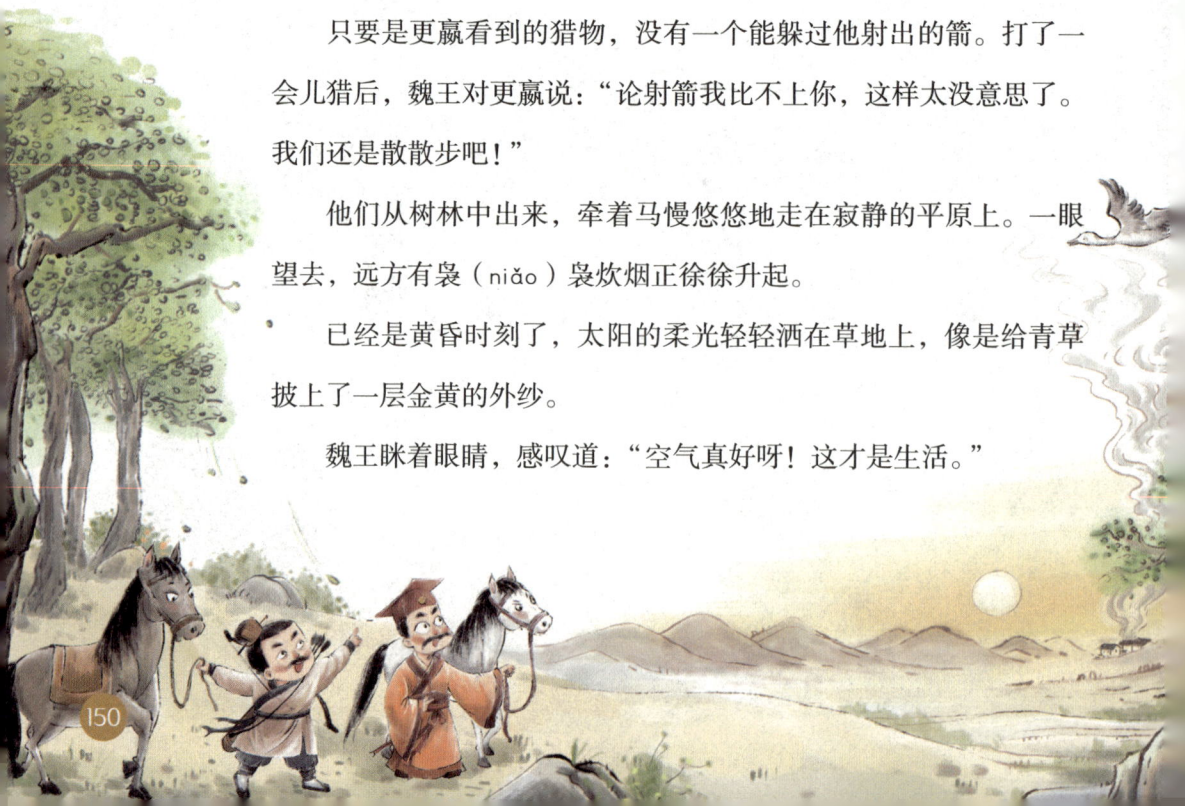

更羸心里还想着打猎的事，附和地点了点头："是的。"

就在这时，一只大雁正从远方往他们这边飞来。刚才打猎还没玩尽兴呢，这会儿更羸心里直痒痒。他指着那只孤独地飞着的大雁，对魏王说："大王，我可以不用箭，只拉一下弓就能让大雁掉下来。"

魏王有些怀疑地问："不用箭也能把大雁射下来，你射箭的技术已经这么厉害了吗？"

更羸拍了拍胸膛，胸有成竹地说："可以。"

胸有成竹

指画竹前竹子的完美形象已在胸中，比喻处理事情之前已有完整的谋划打算。

眼看大雁越飞越近，就快飞过去了，魏王在心里默默想：大雁都快飞走了，怎么还不射箭？

这会儿，更羸正举着弓对着大雁的方向呢！他左手托着弓，右手拉着弦，弦上也没有搭箭。直到大雁离得最近时，更羸才用力地拉了一下弓。

只听弓发出"嘭"的一声，随后大雁拍打了两下翅膀，真的从半空中掉下来了。

魏王看了大吃一惊："难道你的箭术已经达到了不需要用箭就能射中猎物的水平？"

　　更羸摆摆手，解释道："不是我的箭法好，是这只鸟比较特殊——它是一只受伤的大雁。"

　　魏王更疑惑了："你怎么知道它受伤了？"

　　更羸回答说："刚才它从那边飞过来时，我就发现它飞得比一般大雁慢，我猜它是因为有伤。而且，它的鸣叫声也很凄厉，说明它太孤独了，很久没有遇到同伴了。"

　　"原来的伤口还没有愈合，它心里对弓箭的恐惧肯定也没有消除。这个时候，再听到弓弦声会十分害怕再被射中，会奋力向上飞。"更羸继续解释道，"突然用力飞会使没有愈合的伤口再次裂开，疼痛难忍，最后就从空中掉下来了。"

学着战胜恐惧

大雁只是听见弓弦的声音，就吓得拼命往天上飞，导致自己从天空中掉了下来。除了这个典故，中国还有一句俗语叫作"一朝被蛇咬，十年怕井绳"，也是形容类似的情况，意思是"被蛇咬了一次，十年内都害怕看到水井上的绳子"，它用来比喻经历一次挫折以后就变得胆小怕事。

我们的周围也有类似的情况，比如一些同学害怕虫子，只要是看到黑乎乎的小点，都不确定是虫子，就会吓得一蹦三尺高；一些同学溺过水，因此远离一切水源，包括浅浅的溪水。趋吉避凶是人的本能，避开自我感觉危险的事物是很正常的。但是如果在面对所有害怕

的东西时都选择逃避的话，只会让自己变得懦弱，无法成长。比如一次考试失利就开始害怕学习，选择逃避学习，以为至少这样就能不用再面对"努力了也考不好"的现实。但是，如果我们在面对学习失利时选择了逃避，那么，以后我们在面对任何让自己害怕的东西时都会蒙上一层阴影，面临的失败会越来越多。

中国有句俗话，"在哪里跌倒就在哪里爬起来"。如果我们选择分析害怕的原因，总结失败经验，汲取教训，振作面对，战胜恐惧，那么下次我们再遇到类似的问题，有了成功战胜的经验，就不会再感到恐惧了。这对我们个人来说，便是一次积极的成长。

想一想

你有害怕的事物吗？你打算如何克服它？

鹬蚌相争

战国时期，秦国是各个国家中势力最强的一个。它常常仗着自己财力、兵力雄厚，到处欺负别的国家。

其他的国家都很讨厌秦国，但是这些国家之间也并不是很团结。这不，赵国和燕国因为一点儿小事正闹矛盾呢！

赵王气冲冲地对大臣说："这次一定要给燕国一点儿颜色瞧瞧，让他知道我们赵国不是好欺负的！"

消息传回燕国，这让燕王十分苦恼："我不想打仗呀！谁能给我出出主意？"

大臣们你看看我，我看看你，都不知道该怎么办才好。过了好一会儿，一位大臣站出来说："大王，苏代是一个能言善辩的人，不如让他去赵国劝赵王不要出兵吧！"

就这样，苏代带着燕王的嘱咐，千里迢迢来到了赵国的都城邯郸。不过，燕国派出说客的消息早就传到赵王耳朵里了，他特意派了下属在城门口阻拦苏代。

这位赵王派来的臣子坚决地把苏代拦在城门外："我们大王公务繁忙，恐怕没有时间接待你了。"

苏代灵机一动，对他说："麻烦你告诉赵王，我只是来给他讲故事的。"

赵王知道后，松了一口气："既然是讲故事，他辛辛苦苦从燕国赶来，就让他进来吧！"

见到赵王后，苏代果然讲起了故事："这是天气晴朗的一天，蚌趁着天晴张开了两片硬壳，在河滩上晒太阳。有一只鹬鸟恰好路过，它快速地飞了过去，把嘴伸进蚌壳里去啄肉。

"剧烈的疼痛让蚌急忙把硬壳合上，鹬的嘴就这样被壳钳住了，"苏代眉飞色舞地说着，"鹬拼命地挣扎，怎么也挣不开，于是威胁蚌说'你不松开壳，今天不下雨，明天也不下雨，把你渴死！'大王猜蚌怎么说？"

"你嘴巴被我夹住了，今天拔不出，明天拔不出，把你饿死。"赵王听得津津有味，回答道。

"没错！"苏代继续说，"就这样，蚌和鹬谁也不让谁，互相僵持着。时间一长，它俩都精疲力竭了。正好有一个渔翁经过这里，见它俩谁也不能动弹，轻轻松松就把它们捡回了家。"

故事说完，苏代对赵王深深地鞠了一躬，语重心长地说："大王，赵国固然可以攻打燕国，但燕国肯定也会像蚌一样拼死抵抗。到最后两个国家都疲惫不堪，秦国就会成为渔翁，轻易把咱们打败呀！"

赵王听完，觉得苏代说得很有道理，于是打消了攻打燕国的念头。

从大局出发，实现双赢

　　"鹬蚌相争"是一个家喻户晓的故事。一只鹬鸟啄蚌的肉，蚌紧紧夹住鹬鸟的嘴，二者互不相让，最终却两败俱伤，让旁边的渔翁得利。这个看似简单的小故事，却蕴含着深刻的道理——要从大局出发，懂得双赢。

　　在学习上，同学们常常会遇到竞争与合作的选择题。有时候，我们可能会像故事中的鹬和蚌一样，为了争夺有限的资源或名次，而忽视了合作的可能性。如果同学们只关注自己的成绩，而忽视了互相帮助、共同进步的重要性，那么最终可能就像鹬蚌一样，虽然暂时取得了一些小成就，但却失去了更多成长的机会。相反，如果我们能够从大局出发，认识到合作带来的双赢局面，比如组建学习小组、互相答疑解惑，那么大家都能在轻松愉快的氛围中取得更好的成绩。

在与朋友相处时，如果我们能够多一些理解和包容，少一些争执和计较，那么友谊的小船就能更加稳固地航行。父母与孩子之间如果能够建立良好的沟通机制，尊重彼此的想法和需求，那么家庭氛围就会更加和谐温馨。

"鹬蚌相争"的故事告诉我们，面对竞争与合作的选择时，我们应该学会跳出自己的小圈子，从更广阔的角度去审视问题。无论遇到什么样的挑战和机遇，都能够以更加开放和包容的心态去面对。

想一想

　　"鹬蚌相争"一词的后面，原本还紧跟着一个四字词，你知道是什么吗？答案就在故事中。

南辕北辙

释义 本想往南方走，却驾着车往北走，比喻行动和目的相反。

出处 《战国策·魏策》

近义词 背道而驰·相背而行

反义词 马首是瞻（zhān）·殊途同归

很久以前，有一个在魏国居住的人打算到楚国去办事。

为了保证自己能够顺利办好事情，他带上了很多路费，雇了一辆豪华舒适的马车，给马车配上了骏马，还请了一位驾车技术受人称赞的车夫。

万事俱备，他心满意足地摸着胡子自言自语："再也没有比我准备得更周全的人了吧！"

眼看就要出发了，主人家还没吩咐要往哪里走呢。

于是，车夫乐呵呵地问道："大人，咱们这是要往哪儿走呀？"

这个人摆摆手："别问这么多，你只要往北边驾车就行了！"说着，他就自顾自地坐上了马车。

楚国在魏国的南面，要往楚国去，这个人应该向南走才是。不过，他不给车夫说目的地，车夫只能按照主人的要求赶路。

车夫心想：往北边到底是去哪儿呢？不过主人说往北走，那照做就是了！管他呢！

他扬起马鞭，稳稳地驾驶马车，按照魏人说的出了城门后一直往北驶去。

难得在路上碰到这样豪华的马车，时常有人向魏人打招呼。其中有一个骑马的年轻人和这个魏人很聊得来，他们一个骑着马，一个坐在马车上，从琴棋书画说到了天文地理。

"对了老兄，你这是去哪儿呢？说不定咱们要到同一个地方呢！"年轻人问道。

魏国人笑笑说："我要到楚国去。"

"楚国？"年轻人很吃惊，"到楚国应该往南边走，你这是在往北边走，方向不对呀！"

"没关系，我的马跑得快！"魏人满不在乎地说。

年轻人急忙拉住他的马："方向不对，马再快也到不了楚国呀！"

魏人根本不听劝，还是坚持说："这都是小问题，我带的路费多着呢！"

"虽然你路费多，可你走的方向反了，再多的路费也是白花了呀！"年轻人好心劝解。

一直被人阻拦，魏人实在有些不耐烦了，他一心想赶紧到楚国去，语气也变得严厉起来："我的车夫赶车的本领高着呢！要是你不阻拦的话，我还能早一点儿赶到楚国！"

见他这么固执，年轻人十分无奈地松开了手，眼睁睁地看着这个魏人朝着错误的方向继续走。

照这样的路线，怕是等他路费用光也到不了楚国哦！

警惕自负心理

这个魏国人可真有意思，明明楚国在南边，非得朝北边走，还坚信只要自己拥有充足的钱、优秀的马和本领高的车夫，一定能走到楚国，就算别人劝也不听。他的这种行为，中国还有一句成语可以形容：背道而驰，意思是背离正确目标，朝反方向走。

怎么会发生这种情况呢？其实就是魏国人盲目自信，认为自己的判断不会错。我们也时常会发生这样的情况，比如我们做某件可能比较擅长或曾经做过的事情时，更有经验的人好心来指导一二，我们

方向反了……

就会觉得对方在对自己指手画脚，于是产生逆反心理。直到我们真正"踩坑"，才会醒悟原来对方说得确实没错。像我们与父母之间，便经常会发生类似的冲突。

每个人都会有自大和自负的时候，尤其是当我们听到别人的建议时，可能会觉得自尊心受到了伤害。比如，你在玩游戏时，同学告诉你某个技巧可以帮你更快通关，但你可能会觉得"我玩得这么好，不需要别人教"。其实，别人的建议并不是在轻视你，而是想帮助你变得更好。

如果我们总是坚持自己的想法，不听别人的意见，最后可能会让自己吃亏。比如，你在做数学题时，明明老师讲过正确的方法，但你非要按自己的方式做，结果答案错了。我们不需要听从所有的意见，但至少要学会分辨哪些建议是有用的。就像你在玩迷宫游戏时，一个朋友告诉你往左走，你可以再问问其他朋友，确认一下方向对不对，而不是固执地认为自己一定是对的。

所以，学会接受别人的建议，不仅能让我们少走弯路，还能让自己变得更优秀。

想一想

你知道"南辕北辙"和"背道而驰"这两个词之间的差别吗？

不遗余力

释义 指把所有的力量都使出来，一点儿也不保留。原指秦国攻打赵国时全力以赴。

出 处 《战国策·赵策》

近义词 全力以赴·尽力而为

反义词 留有余地·三心二意

战国时期，有一次秦国气势汹汹地发兵攻打赵国。赵国抵挡不住秦兵，连连溃败。照这样打下去，秦国很快就要打到赵国都城来了。

赵王心急如焚，他找来大臣楼昌和虞卿商量对策："秦国的军队已经打到长平来了，最近又战死了一个军官。我想再派一支队伍去支援长平，你们觉得怎么样？"

楼昌说："秦国的士兵的确比我们凶猛，我看不如派使者到秦国去求和。不然，咱们的军队就要被秦国彻底消灭了。"

"现在不是求和的时候，"虞卿摇摇头说，"大王，您觉得秦国这次一定要消灭我们赵国军队吗？"

赵王毫不犹豫地回答："是啊！秦国用了全部的力气攻打我们，看来不消灭我们他们是不会停止进攻的！"

"既然大王这样想，那我们现在可以派使者带着金银珠宝去楚国和魏国，"虞卿解释，"送到嘴边的宝贝，楚王和魏王肯定不会拒绝。一旦我们的使者成功进入楚国和魏国，秦王肯定会担心我们三个国家达成联盟。到那时再和谈就容易了。"

赵王心想：先去楚国和魏国，再向秦国求和，这不是要损失三次宝物吗！

于是，他采用了楼昌的建议，派了使者郑朱到秦国去谈判。得知这个消息，虞卿十分无奈地对赵王说："和谈不会成功的，到时候魏楚两国也不会再派兵来援助我们了！"

果然，郑朱一到秦国，秦王就向天下扬言说他们打败了赵国，而且最终也不肯和赵国和谈。

不久之后，长平之战爆发，赵国军队不是秦兵的对手，最后连赵国的都城邯郸也被秦兵包围了。为了让秦王撤兵，赵王不得不割了六座城送给秦国。

看着秦兵欢欢喜喜撤退，虞卿问赵王："大王，您觉得秦王撤兵，是因为他们也打累了，还是因为我们给了他们土地呢？"

赵王为割让的土地心痛不已，紧皱着眉头说："秦国是不遗余力地攻打我们，我想最后也是因为兵卒疲惫（pí bèi）了才答应撤退的吧！"

虞卿语重心长地说："是啊！秦兵虽然来势汹汹，但最后也疲惫不堪了。秦国不一定能把我们消灭，可到最后您却把秦军拿不到的土地白白送给它了，这难道不是帮助敌人来攻击自己吗？"

"这一次，秦国占了大便宜，等它恢复精神，我看明年它还会再来的！"虞卿悲痛地说，"到时候，我们是不是又要送十座城池呢？"

听了虞卿的话，赵王沉默了。

做事要全力以赴

在面对秦国不遗余力的攻打中，感到害怕的赵王最终以承诺"割六座城池给秦国"的代价结束了这场战争。有句俗话叫"光脚的不怕穿鞋的"。为什么光脚的人会不害怕穿鞋的人呢？是因为光脚的人本来就没有鞋子穿，所以没什么可失去的；而有鞋子的人不想失去自己的鞋子，自然会更害怕光脚的人。用来形容"人一无所有便无所顾忌"的情况。

而在秦国和赵国的这场战争中，很明显赵国是"穿鞋"的那一方——赵王害怕秦国用尽全力的作战会将赵国纳入秦国的版图中。但实际上呢？根据虞卿的分析，秦国是没有实力吞并赵国的。秦国的

不遗余力也许正是一种恐吓赵王的手段，为的是让他感到害怕而选择退缩求饶，以达到秦国收割赵国部分城池的真正目的。又或许秦国是真的想全部吞并赵国，虽然秦国没有达到目的，但也至少收获了一部分土地，努力没有白费。

从这个故事中，我们应当学习秦国的精神。人生中充满了种种挑战和机遇，做任何事都要毫无保留地使出全部的力量，在机会来临时才能牢牢把握。在挑战来临时将难题圆满解决，才能不留遗憾。

想一想

不遗余力和竭尽全力都有"用尽全部力量"的意思，你知道它们的区别在哪里吗？

狐假虎威

释义 　狐狸借着老虎的威风吓唬动物。比喻借着别人的威势来吓唬和欺压他人。

出　处 　《战国策·楚策》

近义词 　仗势欺人·恃（shì）势凌人

反义词 　独擅胜场·独步天下

在一片茂密的森林里，一只饥肠辘辘的老虎正寻找着今天的午餐。它一会儿这里嗅嗅，一会儿那里嗅嗅。

突然，老虎发现树丛中有一只狐狸，这家伙正专心致志地享用美食呢！

"吃吧，吃吧！等你吃饱了，就轮到我把你吃掉了！"老虎在心里默默嘀咕着。

它算准了时机，猛然朝狐狸扑过去。毫无准备的狐狸一下子被老虎锋利的爪子按住，一动也不敢动。这下可惨了，狐狸要成为老虎的一顿美餐了！

"哼，狡猾的小狐狸，这下任凭你有再多鬼主意，都逃不掉了！"老虎饿极了，舔舔舌头，张开嘴就朝狐狸咬去。

狐狸眼珠子骨碌骨碌地转着，飞快地想着脱身的办法。有了！

狐狸假装自己不害怕，生气地对老虎说："你知道我是谁吗？竟然敢吃我！"

老虎觉得莫名其妙："你不就是一只狐狸嘛！"

狐狸一本正经地撒谎道："我是一只狐狸，但也是老天爷派到森林中来当百兽之王的。你要是把我吃了，老天爷是不会饶恕你的！"

老虎不太相信狐狸的话，但又害怕把狐狸吃掉对自己有什么坏影响。它想了想，说："既然你说自己是百兽之王，你有什么证据吗？"

狐狸偷偷笑了笑，说："这好办！你可以跟着我到山林中走一走，我让你亲眼看看动物们对我望而生畏的样子。"

老虎心想：这倒是个好办法！要是这家伙敢骗我，我就一口把它吃掉！

于是，它让狐狸走在前面，自己紧紧跟在后面。

望而生畏

> 意思是看一眼就产生了畏惧心理。形容人态度威严或事务艰难令人畏惧。

森林中的动物们远远看到老虎来了，纷纷发出尖锐的叫声警告自己的同伴。鸟儿们飞得高高的，野兔、山羊、黑熊等一个个吓得魂飞魄散，连忙逃命。

就这样转了一圈后，狐狸扬扬得意地对老虎说："看到了吧，森林中的动物个个都怕我，这难道还不能证明我是百兽之王吗？"

"实在太可怕了，我差点儿把百兽之王吃掉了！"老虎吓出了一身冷汗。

老虎不知道动物们害怕的其实是自己，反而以为狐狸才是百兽之王。它放开狐狸，夹着尾巴，灰溜溜地逃跑了。

辨析实力与虚张声势

通过这则寓言你学习到了什么道理呢？今天，咱们就来一场热闹的辩论会，一起探讨探讨吧！

正方观点：智慧与策略是保护自己的重要手段

我方认为，狐狸利用自己的智慧和策略，成功地借助老虎的威

势，吓退了其他动物。这告诉我们，在面对强大的对手或困境时，智慧和策略是我们保护自己的重要手段。就好比在学习上遇到困难时，我们不应独自埋头苦思，要像狐狸一样，善于借助"外力"。例如向老师请教、与同学讨论，利用参考资料等，整合各方资源，让知识难题迎刃而解。

反方观点：过分依赖策略可能失去真实能力

我方则认为，过分依赖策略和智慧，可能会使我们失去锻炼真实能力的机会。狐狸虽然成功吓退了其他动物，但并未真正展现出自己的力量。如果只注重运用策略，而忽视了对真实能力的培养，那么在未来可能会面临更大的挑战。比如，在学习上，如果只靠作弊和抄袭来取得好成绩，一旦被发现，就会受到严厉的惩罚。在人际交往中，如果只靠欺骗和谎言来维持关系，一旦真相大白，就会失去他人的信任。

想一想

你是支持正方还是反方？说说你的观点吧。

画蛇添足

很久以前，楚国有一户人家要举行家族祭祀，邀请了很多人来帮忙。

经过一整天的忙碌，祭祀仪式终于结束了。主人准备了美味佳肴款待办事的人，还拿出了珍藏了很多年的美酒。

"感谢各位今天来我家里帮忙，要不是大家出力，祭祀典礼也不可能完成得这么好。"他朝大家拱拱手，"大家吃好喝好呀！"

祭祀

置备供品对神佛或祖先行礼，表示崇敬并求保佑。

早就听说这家人有一壶好酒，酒壶打开，能香飘三里；喝一口，如饮甘露，余韵无穷。

大家都伸长了脖子，期待地看着仆人把这壶传闻中的美酒从屋子里端出来。果然，酒壶一打开，酒香四溢，只是闻了闻这香气，就让人流口水。

不过，酒虽然好，分量却少了点儿。

大家你看看我，我看看你，都遗憾地摇了摇头："一壶酒大家分着喝，这着实有点儿少。不过要是让一个人喝的话，那就足够了！"

在场的所有人都想独占这壶酒，一瞬间都沉默了。

过了一会儿，人群中传来一个声音："大家都见过蛇吧？"

众人叽叽喳喳地答道："当然！"

"肯定见过呀！"

然后那个人又说："既然如此，那我们每个人都在地上画一条蛇，谁画得最快，这壶酒就给谁喝。"

大家都认为这是个好办法，同意了。他们一人拿了一枝树枝，蹲在泥地上认认真真地画了起来。

其中有个人画得很快，他手一挥，几笔就把一条小蛇画出来了。他端起酒壶，正准备喝酒，回过头来看到大家都还差得远呢！

"画得可真慢呀！"他扬扬得意地说，"干脆我再给蛇画几只脚吧，免得我画得太快，说我欺负你们！"

于是，他左手提着酒壶，右手给蛇画起脚来。他一只脚还没画完的时候，又有一个人把蛇画完了。

这个人马上把酒壶抢了过去，得意地说："你什么时候见过长脚的蛇了？蛇本来没有脚，何必多此一举给它添上脚呢！现在，这壶酒是我的了。"

说完，他仰起头来，咕咚咕咚地把酒喝掉了。

拿来吧你！

凡事要适度

从前面的故事中我们学到了很多哲理，例如做事要全力以赴。可能有些同学会有疑惑，怎么在这里就要适度了？因为这两句话所处的情况是不一样的。

在"不遗余力"中，我们看到秦国打仗全力以赴，所以感到害怕的赵王主动求和割让城池给秦国。如果秦国没有做到不遗余力，赵王也许不会感到害怕，割城之事便不会发生。所以我们说，做事全力以赴，以便把握住机遇，从而获得好处。

而在"画蛇添足"中，第一个画完蛇的人明明已经取得了胜利，此刻他只用安心享用赢得的酒即可，却偏偏自大地觉得别人画得都太慢，非要给蛇画一对不存在的脚。他不仅改变了蛇的真实模样，还将自己原本存在的时间优势也消耗掉了——另一个在他画脚时也完成

了蛇的画像，他从一个胜者变成一个输家。用两个成语可以形容他的举动：弄巧成拙、多此一举。"弄巧成拙"一词指想耍聪明，却做了蠢事；而"多此一举"一词指多余的举动。

所以做事要把握好分寸，见好就收，不要想着卖弄自己反而将好事办坏。同时，它也提醒我们不要过度自信和做事要尊重事实。

想一想

你做过类似的事情吗？把它写进今天的反思日记里，进行改进吧！

亡羊补牢

释义   原意是指羊逃跑后再去修补羊圈（juàn），还不算晚。比喻出了问题以后想办法补救，免得以后继续受损失。

出处 《战国策·楚策四》

近义词 知错就改

反义词 居安思危

从前有个人，他不种粮食，只养了几只羊。

每天清晨，他都会数一数自己的羊，然后把羊赶到附近的山坡上去，让它们吃上最鲜嫩的青草。

而他自己呢，就在附近的大树下乘凉。

"小羊呀小羊，你们快快长大，这样我才能拿你们换到足够多的粮食呀！"他背靠着大树，跷着二郎腿，自言自语道。

当傍晚降临，太阳缓缓落下山坡，村子里其他人开始做饭时，这个人就拿着小竹竿，慢悠悠地赶着羊群回家。

他不知道的是，村子附近的一只狼正虎视眈眈地看着他和他的小羊们离开的身影。

它早就盯上了这几只弱小的小羊羔，不过白天可恶的人类一直守着羊群，晚上又有羊圈保护，没办法下手。经过这段时间的辛苦，羊圈已经被它刨出了一个窟窿。

这只饿得前胸贴后背的狼咽了咽口水，对晚上的行动已经迫不及待了。

深夜终于来临了，整个村子都陷入一片漆黑，人们也都进入了梦乡。

这只狼小心翼翼地来到羊圈旁，它在窟窿附近瞧了瞧，发现主人根本没有察觉这个漏洞。于是，它放心地从窟窿处钻进羊圈，把最靠近窟窿的一只羊叼走了。

真是笨……

第二天，主人像往常一样来到羊圈旁数羊："一，二，三，四……咦，怎么少了一只羊？"

他数了一遍又一遍，发现羊的确丢了一只，这可把他急坏了。

"怎么会少一只呢？躲哪里去了？"他走进羊圈仔仔细细地检查，发现羊圈有一个大洞，洞的周围还有很多羊毛。

不用想，这肯定是狼溜进来把他的羊叼走了。

他趴在地上痛哭流涕："我的羊呀，可恶的狼，竟然把我的羊叼走了！"

哭声引起了邻居们的注意，大家都很同情他的遭遇，安慰道："别哭了，赶紧把洞补上吧！"

这个人伤心地说："羊都丢了，这时候还补羊圈有什么用呢！"

又过了一晚上，他起床后，发现羊又少了一只。

他懊悔不已："早知道就听大家的劝告了！"他赶紧收起悲伤，到河边搬石头修起羊圈来。

从那以后，他每天除了数羊，还多了检查羊圈的工作。他的羊再也没丢过了。

防患于未然

羊的主人在发现羊被狼叼走后，没有及时补救羊圈的窟窿，而导致羊再次被狼叼走，直到最后他把羊圈补全才避免了更多的损失。这个故事告诉我们，在面对已经发生的错误或问题时，我们应该勇于承认并立即采取行动进行纠正，以防止问题进一步恶化。如果羊的主人每天或者定期检查羊圈，及时发现羊圈有破损并修补，那么有可能他连一只羊都不会丢。

在生活中，学会"防患于未然"非常重要，我们要学会在问题发生之前就做好准备，避免麻烦。比如，做完作业后仔细检查一遍，看看有没有写错的字或算错的题，这样第二天就不会被老师批评。再比如，如果你发现书包的拉链坏了，及时修好或换一个新的，这样书本和文具就不会掉出来。

在学习上，我们要做到"防患于未然"。比如，平时认真听讲，及时复习，这样考试前就不会手忙脚乱。如果你发现某个知识点没听懂，马上问老师或同学，这样就不会越积越多，最后影响成绩。

所以，遇到小问题时，不要拖延，马上解决它，这样才能避免更大的麻烦。记住，提前做好准备，学习会更轻松，生活也会更顺利哦！

想一想

防患于未然需要从多个方面入手，包括个人生活、工作学习、社会交往、环境安全等方面。同学们平时要多了解相关知识哦。

《吕氏春秋》篇

穿井得一人

释义 　　本来是说打出一口水井后，可以节省一个人的人力，不用再去外面的井里打水了；外人却理解错了意思，以为是打井得到一个活人，到处传此谣言。

出　处　《吕氏春秋·慎行论》

近义词　以讹（é）传讹·三人成虎

反义词　一脉相承·衣钵相传

　　烈日当空，一个壮年顶着火辣辣的太阳，挑着水从河边往村子里走。他每一步都走得稳稳当当的，生怕一不小心把桶里的水晃出去。

　　"又去挑水了呀？"邻居和他打招呼道。

"哎，没办法呀！不给庄稼喂饱水，庄稼长得不好，最后还是自己挨饿啊！"壮年无奈地回答。

这个挑水的壮年姓丁，他和家人住在宋国都城的郊外。家里没有水井，所以每天挑水浇田成了他的重要工作。

为了节省时间，他干脆在河流和田地中间修了一个茅草屋，连家也不回了。日子一天天下来，哪怕姓丁的宋人再身强力壮，也总累得腰酸背痛。

有一天晚上，宋人的妻子一边用药酒给他揉肩膀，一边说："我们努力存点儿钱，花钱在家里打一口水井吧！这样就不用再去河边挑水了。"

宋人一听，点头说："这是个好主意。"

从那以后，夫妻两人干起活来更卖力了。过了几个月，他们终于攒够了打井的钱。

宋人请来都城里打井技术最好的人，花了整整三天，终于把井打好了。看着源源不断的水从井底冒出来，他高兴地说："我家终于有水井了，这就相当于多了一个人干活呀！"

邻居听到欢呼声，从围墙外探出脑袋对他说："恭喜啊，以后你再也不用辛苦地挑水了。"

宋人挖井的事让邻居十分羡慕，他对朋友说："哎，丁家挖井相当于多得了一个人，真好啊！"

谁知道，邻居的朋友又把这件事告诉家人："有个姓丁的人挖井得到了一个人呢！"家人又把这件事告诉了其他邻居。

传来传去，最后整个都城的人都在议论："听说了吗？一个姓丁的挖井的时候挖出来一个人呢！"

从土地里挖出一个人来，这件事实在是太骇（hài）人听闻了。宋国国君也听到了这个传闻，他立马派人去问这个姓丁的宋人："你真的挖井挖到了一个人吗？"

宋人觉得莫名其妙，诧异地回答："没有啊！我说的是挖井得到了一个人的劳动力，不是真的在地底下挖出一个人来。"

骇人听闻

是指事出怪诞，使人听了非常吃惊、害怕。

如何分辨谣言?

好事不出门,坏事传千里。网络时代,谣言传播迅速,例如,一女孩在快递站被拍视频,便利店店主编造其出轨谣言,迅速通过网络扩散全国,严重影响女孩生活。最终两名造谣者以诽谤罪入狱。此事为"穿井得一人"式谣言的典型案例。我们要学会分辨谣言,避免自己被牵着鼻子走。那应该如何分辨谣言呢?

要有一双"好奇眼",学会追根溯源。谣言往往缺乏真实可靠的来源,当我们听到一个令人惊讶或疑惑的消息时,不妨先问问自己:"这个消息是从哪里来的?"如果是来自权威媒体、政府机构等的信息,那通常是比较可信的。相反,如果是一些不明来源的小道消息,

或者是朋友圈、微信群里的未经证实的消息，那就要多留个心眼了。

用"理性脑"分析内容。谣言往往夸大其词，甚至违背常识。所以，当我们听到一个消息时，不妨用常识去判断它的真实性。想想看，这个消息是否符合科学原理？是否符合生活常识？如果答案是否定的，那么它很可能就是谣言。

培养"求证心"，多方求证。面对不确定的消息，我们不要急于传播，而是应该通过多种渠道去求证。比如，可以向老师、家长请教，或者上网搜索相关信息。记住，要选择权威、官方的网站和媒体作为信息来源，避免被一些不负责任的自媒体误导。

保持"警惕心"，不轻易相信和传播未经证实的信息。谣言的传播速度往往比真相要快得多，一旦我们轻信了谣言并传播出去，就可能造成不良后果。因此，我们要时刻保持警惕，不成为谣言的"帮凶"。

分辨谣言就像是在玩一场"侦探游戏"，需要我们动用智慧，细心观察，理性分析。只要我们掌握了正确的方法，就能在这场游戏中获胜。

想一想

你知道人云亦云的含义吗？你觉得它讲了一个什么道理呢？

乌获拉牛

释义 大力士乌获用力拽牛尾，即使力竭尾断，牛也不走，因为逆牛而行；反之，顺应牛性，则牛听从指挥，借此说明顺应自然规律的重要性。

出　处 《吕氏春秋·重己》

近义词 枉费心思·徒劳无功

反义词 如愿以偿·得偿所愿

战国时期，秦国有一个名叫乌获的大力士。乌获的力气非常大，饭量也十分惊人。他一顿能吃十碗大米饭和一整头猪。

酒足饭饱之后，乌获就去集市上找活干。搬木材、搬石头、挑沙土……只要是出力气的活，乌获都能干得漂漂亮亮的。

为什么这样说呢？

一块方形大石头一般需要两三个人一起用力才能抬得动，而乌获一个人就能轻轻松松抬走。乌获咬咬牙，抬上两块也能够走得动。乌获一个人就能顶得上三

个人的劳动力，所以人们都喜欢请他干活。

吃得多，又经常干活，乌获的肌肉也越来越发达。

慢慢地，看到身体柔弱的人，乌获总会说一句："哎，你这样的体格，根本干不了活呀！"

乌获瞧不起别人，大家在背地里也会议论他："力气大有什么用？四肢发达，头脑简单呀！"

一年之中，有忙碌的时候，也有清闲的时候。这不，方圆百里的体力活几乎都忙完了，乌获没了工作。

这一天，他无所事事地在集市上闲逛。突然，他看到前面有一个书生打扮的人，正费力地驱赶一头牛。

乌获走上前去，拍拍胸膛对书生说："我力气大，你雇用我来帮你赶牛吧！"

得到主人的同意后，乌获走到牛面前，叉着腰威胁道："快跟我走，不然就打你！"

听了乌获的话，牛只是动了动耳朵，继续埋头吃草。

"哼，看来得给你点儿颜色瞧瞧了！"乌获扯着牛耳朵就往前拉。这头牛被扯痛了，它愤怒地用牛角把乌获顶走了。

乌获又走上去扯牛尾巴。牛用力地摆动着，把尾巴从乌获手里挣脱出来，还用尾巴狠狠地抽打乌获的脸。

"哎哟，哎哟！"乌获捂着脸疼得直叫唤，"这尾巴可真滑呀！"

他重新想了一个办法，把牛尾巴缠在胳膊上，然后用力拉。牛的力气大得出奇，乌获累得青筋凸起。他拼命往后拉，牛用力往前走，一人一牛表演起拔河比赛来。

只听"啪"的一声，牛尾巴竟然被扯断了，乌获一下子跌坐在地上。牛痛得大叫起来，蹄子直乱踢，可是还是不肯跟乌获走。

见到这一幕，人群中有一个八九岁的小男孩捧腹大笑。他走到牛面前，拉起牛的鼻环，轻轻松松就把牛牵走了。

做事要善用技巧

　　乌获依据以往的经验，觉得自己力大无穷，无往不胜，因此也可以轻松拉动一头牛，然而无论他怎么生拉硬拽都失败了，反让一个比他弱小很多的小孩轻松牵走了牛。小孩之所以能牵走牛，是因为他一拉牛的鼻环，牛就会感到疼痛，为了防止疼痛再次发生，牛自然会乖乖跟着小孩走了。这证明，做一件事，想凭借蛮力就能成功是很难的。

比如一瓶玻璃瓶装的汽水，如果你用手或者牙齿直接抠开瓶盖，则要付出很大的力气，还会伤手伤牙；但如果你用专门的瓶起子，只要对准瓶盖一撬，就能轻松打开。这是巧用了物理中的杠杆原理。

又比如遇到着火的时刻，人们会本能地用扇子扇，有时候会适得其反——用更大的力气扇，火可能会更旺。其实只要把湿毛巾往火上一盖，将火与氧气阻隔，火失去了"燃料"自然就灭掉了。可见做事找到对的方式，还可以避免让事情往坏的方向发展。

在学习上，我们也可以去寻找一些技巧，让学习变得高效、轻松一些。如将繁杂的知识点做成思维导图，形成一套完整的知识体系，便于记忆；配合人脑的遗忘曲线，按规律定期温习知识，让大脑反复"眼熟"它，直至牢记；将已有的知识与新学的知识进行联系，以一带一，便于更好地记忆；调动感官参与，让学习事半功倍，如硬背物理原理很难，但只要自己亲身试验一次杠杆原理，自然就会记忆深刻了。

想一想

你在学习上和生活上有哪些小技巧呢？总结一下吧。

荆人涉雍

释义 讲述了楚国人不知变通，仍按原标记渡过涨高后的滩水，结果惨败的故事，警示人们要根据实际情况调整策略。

出 处 《吕氏春秋·察今》

近义词 与时俱进·随机应变

反义词 墨守成规·按部就班

古时候，楚国所在的地区拥有充足的水源和肥沃的土地，再加上楚国百姓都勤勤恳恳地干活，所以楚国的国力在当时的几个国家中算是很强盛的了。

百姓安居乐业，国君的烦恼就少。楚王每天在王宫的花园里逗逗鸟，养养鱼。久而久之，他觉得这样的日子实在是没意思。

"哎，百姓们都快忘记我的存在了吧！"楚王自言自语，"看来我得为楚国做点儿事情，这样百姓才记得我的功劳。"

做点儿什么事情好呢？楚王想呀想，他看着两只鸟争抢地盘的样子，忽然有了主意："我可以把宋国的土地抢过来，这样我们的百姓就能有更多土地种粮食了。"

于是楚王把大臣们都叫到王宫来。他坐在宝座上，吩咐道："我打算攻打宋国，谁有什么好主意，快说出来听听！"

大臣们你看看我，我看看你，都在心里暗暗想：好端端的，怎么突然要攻打宋国啊？

不过，他们谁也不敢把这话讲给楚王听。

过了好一会儿，一个大臣站了出来："大王，楚国和宋国只隔了一条滩水，我们可以先派人去把河水的深浅做好标记。到了深夜，再派兵按照标记向宋国发起突然袭击。"

楚王一听，觉得这是个好办法。他把攻打宋国的命令吩咐下去，还派人挑选了擅长游泳的人去测量滩水的深浅。

天色暗下来时，几个被挑选出来的人偷偷摸摸潜入河底。他们从河这头游到了河那头，把河面的深浅摸了个遍，按照命令把河水的深浅全部做了标记。

不过，这一切都被宋国人看在眼里了。宋国的军师对宋国国君说："大王，我们打开水闸，让河水暴涨，不费一兵一卒就能把楚兵打败了。"

楚国人对这些毫不知情。到了深夜，他们找到标注的浅水区准备过河。没想到，士兵们一脚踏下去，根本踩不到底，一下子就被水淹没了。

大水把成百上千的人冲走了。还在岸边的士兵被吓坏了，大喊大叫着："别下水，有埋伏！"

岸上的士兵根本不知道发生了什么事，你挤我，我挤你，推推搡（sǎng）搡地往回跑。马也受了惊吓到处跑，慌乱中被踩伤踩死的士兵不计其数。

灵活变通的重要性

荆人是楚国人的别称，"荆人欲袭宋"一事在历史上是真实发生过的。看完这个故事，让人不禁感慨：楚王真闲！楚国国力昌盛、社会和谐稳定、百姓安居乐业，却因为楚王无事可做，就硬要去攻打宋国。但今天我们不讨论楚王攻打宋国这件事的对错，而是讨论战国末期的楚国明明强于宋国，为何却在此战中落败于宋国呢？

从故事中看，其实一开始楚国大臣给楚王的策略还是很聪明的，楚国和宋国只有一河之隔，楚国先提前偷偷勘测好攻打路线，再按照定好的路线攻打宋国，出其不意的快速进攻让毫无防备的宋国人只能被动挨打，从而大大提高楚国攻打宋国的胜率。然而，面对河水突然暴涨的事实，楚国人却没有根据实际情况调整作战策略，而是依照之前定好的路线前进，导致士兵纷纷被河水冲走。其实楚国完全可以取消进攻行动，避免悲剧的发生。

这个故事提醒我们要警惕这类"一条道走到黑"的死脑筋行为。世间万物是不断在变化的，我们要懂得灵活变通，根据实际情况做出相应的策略。比如天气预报说明天是晴天，但实际上是雨天，就不要硬着头皮不打伞出门，不然只会淋得一身湿。

生活中，我们常常会遇到一些意想不到的事情，比如突然下雨没带伞。这时候，随机应变的能力就非常重要了。我们可以找个地方避雨，或者和同学共用一把伞，这样就不会被淋湿。在这个快速变化的时代，学会变通也很重要。灵活的思维能让我们更快地适应新事物，不会被时代落下。所以，遇到问题时别慌张，动动脑筋，总能找到解决办法。

想一想

　　"郑人买履"和"荆人欲袭宋"这两个故事都有"不要墨守成规"的含义，你觉得二者之间有何区别呢？

刻舟求剑

释义 比喻办事刻板拘泥，不知道根据实际情况处理问题。

出处 《吕氏春秋·察今》

近义词 按图索骥

反义词 审时度（duó）势·通权达变

战国时期，楚国有个人和朋友一起坐船渡江。

江面的水平静得像一面镜子，水面和天空仿佛连接在一起了，时不时有几只白鹤从江面扑腾着翅膀往空中飞去。

这个人站起身来，深深地吸了一口气，感叹道："空气真好啊！江风吹得人神清气爽。"他沉浸在美景中，腰间挂着的宝剑都快掉下去了也不知道。

到了江中心时，他准备坐下来。只听见"咚"的一声，宝剑一下子掉到江里了。

"哎，我的剑！"他赶忙伸手去抓，可是已经晚了。

那人撸起袖子，朋友们立马把他拖住："的确是一把好剑，丢了很可惜。但江水太深了，你还是不要冒险吧！"

这个楚国人笑着对朋友们说："我不冒险，而且还能把宝剑找回来呢！"说着，他从怀里掏出一把小刀。

他用小刀在船边沿上刻下一个记号，对船上其他人说："这是我的宝剑落水的地方，所以我要刻上一个记号。"

大家都不太清楚他为什么这样做，但没有问他。

船夫继续往前划着。过了一会儿，他们终于靠岸了。其他人对这个楚人建议道："你可以到集市上去，找一个擅长泅（qiú）水的人帮你把宝剑捞起来。"

楚人摆摆手说："不用这么麻烦，我自己就能行。"

他跳进水中，弯着腰在江水里认认真真地捞起来。捞了半天，除了水草他什么也没找到。

"奇怪，我的宝剑不是在这里掉下去的吗？我还做了记号的，怎么找不到呢？"他自言自语道。

其他人一听，都大笑起来，说："船一直在行进，但是你的宝剑掉到水底就不动了。按照记号，你怎么可能找得到宝剑呢？"

做事不要想当然

故事中，楚国人的剑从行驶的船上掉进江中，他自作聪明地想了一个办法，就是在船上剑掉下去的位置刻上记号，等到了岸边时，再按照所刻记号的位置去捞剑。这种行为在我们看来很愚蠢，难道楚国人意识不到吗？其实生活中，这种类似事件也会发生在我们身上，而且作为当事人经常很难意识到问题。

比如期中考试，你考了一个不错的成绩，你认为你已经摸透了考卷里的套路，可以轻松应对考试了，因此放飞自我，不再用心读书。直到期末考试时，你发现考卷的出题思路跟期中考试的完全不一样，

试题难度也加大了，你答题时根本摸不着头脑。由于你之前没有认真学习、掌握知识点，导致这次期末考试的成绩大幅度下跌。

人往往会依据之前的成功经验，产生一种"只要我照着这个方法去做事，就一定能成功"的"轻敌"心态。楚国人也许在之前就按照在原地刻记号的方式成功地找到过东西，所以他想当然地以为这个方法运用在江中行驶的船上也行得通，却忘记了此刻的情况跟之前不一样。

在嘲笑楚国人愚蠢之前，我们应该避免犯下和他相同的错误。在面对问题时，我们不能凭借主观想象或者理论推测而做出解决方案，而是要结合实际情况去考虑。另外，俗话说"旁观者清"，我们也要多虚心请教他人，倾听他人的意见，来避免自己犯下错误。

想一想

你知道"刻舟求剑"的反义词有哪些吗？

引婴投江

讲述了一个人因其父善游，就欲将婴儿投入江中，忽视婴儿并不具备游泳能力的故事。该故事寓意做事不能主观臆断，需从实际出发，否则将犯下荒谬的错误。

出　处　《吕氏春秋·察今》

近义词　不知变通

反义词　因人而异·因地制宜

一个江边的小村子里，有一个非常擅长游泳的男人。他以摆渡为生，每天清晨，这个人把船停在江边，等待过江的人来坐船。

村子里来往的人都喜欢坐他的船。他划船很平稳，哪怕遇到急流，他也能够顺利地躲过去；要是有人不小心掉到水里了，他还能够很快地把人救上来。

于是，除了摆渡，他还有另外一项工作：帮别人打捞掉进江里的东西。

眼看他到了结婚的年龄，村子里的人十分热心地给他介绍姑娘，帮他张罗婚礼。一年之后，他的妻子给他生下了一个白白胖胖的儿子。

邻居们都对他说："长大后肯定是一个像你一样能干的小伙子！"

"我的本领都会教给他，就看他能不能学会了。"这个人乐呵呵地回答。

有一天，这个擅长游泳的人载了一船的人进城去了，忙到很晚都没有回来。

恰好，这天村里有个人来请他帮忙。这个人不小心把祖传的宝贝掉到江里去了，急得像热锅上的蚂蚁，左等右等，怎么也没等到这个擅长游泳的人回来。

于是，趁擅长游泳的人的妻子去做饭的时候，丢东西的人把他们的孩子抱了出来。

冷飕飕的风直直地吹着，婴儿被吓得哇哇大哭。他一路小跑，一直跑到了江边："小娃娃，你一定要替我把宝贝捞上来啊！"

小娃，帮帮忙啊……

说着，他准备把婴儿往江水里丢。

就在这时，刚好有个等船过江的人看到了，连忙跑来，生气地把婴儿抢了过来："你为什么要把孩子丢进江里？"

"没有啊！我只是让他帮忙给我捞东西，"这个人辩解道，"这个孩子的父亲很擅长游泳。"

路人听了，又气又笑，问："就算这个孩子的父亲擅长游泳，他就一定也擅长游泳吗？更别说，他还只是个几个月大的婴儿呀！"

从实际出发，学会独立思考

一个人不小心把宝贝掉进了江里，想要让擅长游泳的人帮忙捞回，但在对方没回来的情况下，竟然选择将其孩子丢进江里帮他寻找宝贝，因为他觉得这个人擅长游泳，那么其孩子肯定也擅长游泳。这个想法听起来多么荒谬啊！

这个故事告诉我们，在处理问题时，一定要从实际出发，不能盲

目照搬经验或教条。每个人的情况都是不一样的，每个地方的环境也是不一样的。就像那个差点被扔进河里的小孩，他并不会游泳，如果硬要套用"引婴投江"的方法，只会害了他。

在我们的学习和生活中，这样的例子其实并不少见。有时候，我们看到班上的某位同学用一种特定的学习方法，成绩突飞猛进，于是我们也迫不及待地想要尝试。但结果呢？往往发现这种方法并不适合自己，成绩反而下降。这是因为每个人的学习习惯、理解能力和兴趣点都不同，所以别人的"秘方"对我们来说，可能并不奏效。

从实际出发的同时，我们应学会独立思考，像侦探一样分析问题，找出问题的根源，然后再根据自己的实际情况，量身定制解决方案。比如，有的人适合通过做题来巩固知识，而有的人则更适合通过阅读来理解新概念；有的人早晨学习效率最高，而有的人则是"夜猫子"，晚上思维最活跃。找到适合自己的学习节奏和方法，就能找到开启知识宝库的钥匙。

想一想

　　大家都说这个方法好，但它真的适合我吗？爸妈的经验就一定对吗？他们的建议都适合我吗？

掩耳盗铃

释义 捂着自己的耳朵去偷别人家的铃铛。比喻自己欺骗自己，明明是掩盖不住的事情偏要想法子掩盖。

出　处 《吕氏春秋·自知》

近义词 自欺欺人·弄巧成拙

反义词 开诚布公

春秋时期，晋国的贵族范氏逃亡到他国，范氏家里只剩下空空如也的豪华府邸（dǐ）。

一个小偷心想：这家人把房子修得这么大，围墙这么高，里面肯定有很多宝贝。

他趴在门缝上，偷偷摸摸地往屋内看，发现里面一个人也没有。于是，他

放心大胆地走进院子，在里面逛了起来。

然而事实出乎他的意料，这座府邸几乎已经被搬空了，值钱的宝贝一件也没留下。正当小偷准备离开时，他抬头一看，发现了一口大钟。

这口大钟是用上好的青铜做成的，上面雕刻着精美的图案，一看就价值不菲。小偷心里高兴极了："这口钟一定能卖个好价钱！"他想把钟背在背上，发现钟又大又重，怎么也挪不动。小偷急得团团转，想来想去，决定把钟敲碎，然后一块块地搬回去。

小偷找来一把大锤，用尽全身力气朝钟砸去。没想到，钟纹丝不动，反而发出"咣"的一声巨响。

"哎呀！"他吓得丢掉了大锤，"响这么大声，不是告诉别人，有人在偷钟吗？"

他连忙扑到钟上，张开双臂想把钟捂到怀里，让钟声停止。可是，钟实在是太大了，他根本捂不住，钟声依然悠悠地传向远方。

小偷越听越害怕，不由自主地收回手，捂住了耳朵。

"咦，钟声变小了！"小偷高兴起来，"有办法了！把耳朵捂住，这样不就听不到钟声了吗？"

　　他从衣服上扯出两团棉花，紧紧地把耳朵塞住，放心大胆地砸起钟来。

　　钟声一下又一下，很快把周围的人吸引过来了。人们蜂拥而至，一下子就把小偷抓住了。

　　而这个可怜的小偷，到最后还以为别人和捂住耳朵的他一样听不见钟声呢！

蜂拥而至

　　像一窝蜂似的拥来，形容很多人乱哄哄地朝一个地方聚拢。

拒绝自欺欺人

小偷害怕钟声传出去，就堵住自己的耳朵，以为自己听不到钟声就没事。这种自欺欺人的行为，每天都会在我们生活中上演。

有时候，我们以为自己很努力，但实际上并没有真正投入。比如，某个同学计划每天晚上在书桌前学习 2 个小时，但他一大半的时间都在看漫画、打游戏、玩手机，真正用在学习上的时间很少，他却觉得自己已经很用功了。再比如，有个同学决定每天跑步锻炼身体，但他只跑了几分钟就觉得累了，然后坐在操场边玩手机，却觉得自己已经完成了锻炼任务。

其实，这样的"努力"只是表面功夫，并没有真正达到目标。学习时，我们需要专注，把时间用在真正需要做的事情上；锻炼时，也要坚持到底，而不是随便应付。只有这样，我们才能取得真正的进步。

　　我们做事的初衷并不是想要这样的结局，所以，既然假装学习没有成效，还不如规划好时间光明正大地玩。既然这种减肥方式会越吃越胖，还不如认真吃饭。我们需要做的第一件事是拒绝自我欺骗，诚实面对自己。如果今天只学习了30分钟，就不要对自己夸大其词说学了2个小时。其实只要我们在第二天学习了40分钟，比前一天多10分钟，这也是一种进步。

想一想

　　你最近有做"掩耳盗铃"的事情吗？针对这样的行为，你将如何改进自己呢？

知人不易

释义 通过孔子误解颜回的故事，说明即便是智者如孔子，也可能对亲近之人产生误解，告诫人们了解一个人的真相很难，要相信一个人更难。

出处 《吕氏春秋·任数》

近义词 面面俱到

反义词 一叶障目·以偏概全

孔子曾带着自己的学生周游列国，他们从这个国家走到那个国家，和天底下不同的人讨论学问。

有一次，孔子一行人准备去楚国，走到半路，被困在陈国和蔡国之间的郊外了。他们就地扎了一个帐篷，白天讲学，晚上就一起睡在帐篷里。

没多久，粮食吃完了，学生们都饿得眼冒金星。

第一天，孔子对学生们说："这是上天对我们的考验，哪怕身处逆境，也不要放弃呀！"

第二天，第三天……孔子一直强撑着给学生们讲课。一直到了第七天，他也饿得不行，话都说不出来了。

他的学生颜回走了很远的路，终于从别人家里讨到一点儿大米回来。

"老师，我找一个好心的人家借了一点儿米，今天的晚饭有着落了。"颜回晃了晃手中少得可怜的一小袋米说。

众人一看，都默默咽起了口水。其他人已经饿得没力气了，颜回便承担起烧火煮饭的工作。

他找来几块石头，搭起一个简陋的灶台，架上锅，开始煮饭。不一会儿，水烧开了，一阵阵米饭的香味随风传来。

大伙儿都眯着眼睛，想象自己已经吃上米饭的场景。孔子心里也很欣慰："哎，我这个弟子，真能干！爱学习，还会做饭呢！"

他扭头一看，发现颜回正用手抓锅里的饭吃，心里一下子不高兴了：太没礼貌了，老师都还没吃，学生怎么能先吃呢？

又过了一会儿，饭熟了，颜回盛了一碗端来给孔子，说："老师，请用餐。"

孔子假装没看到他抓饭吃的事，对颜回说："我刚才做到一个梦，梦见我的祖先让我把干净的饭供给他们。"说完，孔子就要拿煮好的饭上供。

颜回连忙阻拦说："不可以。刚才我煮饭的时候，炭灰飘到锅里，把一些米饭弄脏了。丢掉的话太可惜，所以我抓来吃了。"

原来是个误会。孔子叹了一口气，惭愧地说："都说'耳听为虚，眼见为实'。现在看来，眼睛也会欺骗我们啊！"

他告诫学生们："了解真相很难，了解一个人更不容易呀！"

不要片面下定论

孔子是中国古代儒家文化的代表人物，被后人尊称为"孔圣人"，他所创立的儒家学说是中华优秀传统文化的重要组成部分。连孔子这样伟大的思想家都会在不了解前因后果的情况下，对最亲近的弟子颜回产生误会，就更别说我们普通人了。

你曾遇到过种情况吗？你未曾跟一个人接触过，却从别人嘴里听说过他的故事，大家都说这个人性格孤僻挑剔、为人不好相处、心思重，于是你也远离了这个人。可是在某次机缘巧合下，你和这个人变得亲近，你发现他其实是一个外冷内热的人，只是性格内向，不擅长跟人沟通。

又或者你认识这样一个人，刚开始接触时，他性格开朗热情，为人大大咧咧、不计较；等深入交往后，你发现他与人接触的目的性很强，每次都是在需要你的时候才会跟你热络。他善妒，如果你和他关系要好的朋友走得近，他就会有意图向对方散播你人品不好的流言。

就像孔子这般，如果他未曾试探颜回而得知真相，那么颜回在他眼里就是一个不尊重师长的弟子。所以我们与人交往时，不要仅凭表面现象就下定论，人是复杂的多面体，不能只拿"好"或"坏"来判定。我们也不要在未深入了解一件事的情况时就下定论，事情的局部不能代表事情的全部。我们要摒弃偏见，细心地去观察，最后在下定论时做到谨慎和客观。

想一想

你了解孔子吗？你能说说儒家学说的主张是什么吗？